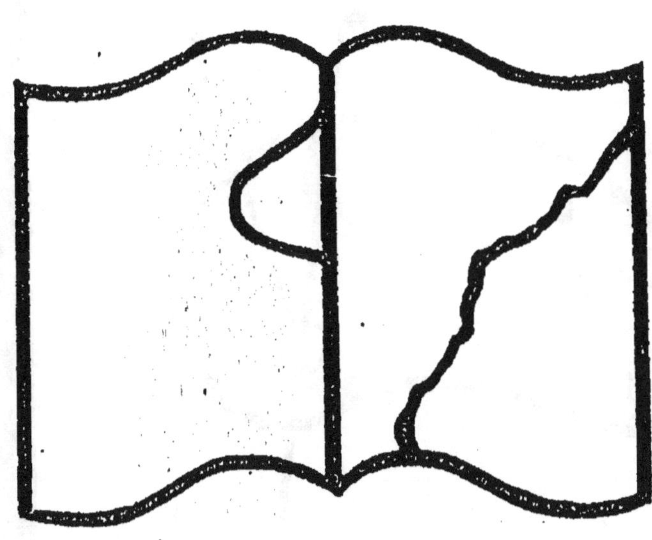

COUVERTURES SUPERIEURE ET INFERIEURE
DETERIOREES

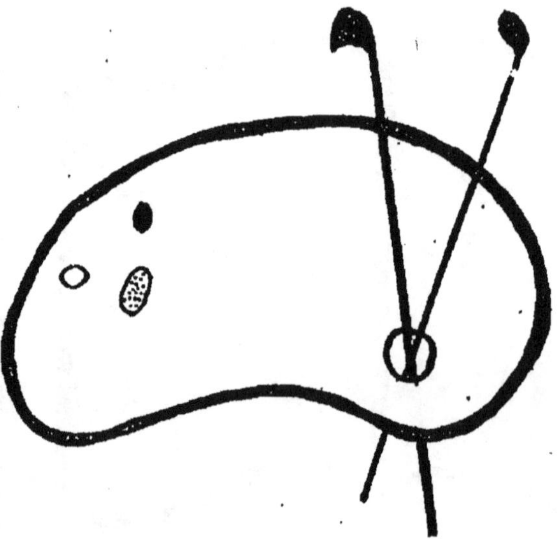

DEBUT D'UNE SERIE DE DOCUMENTS
EN COULEUR

L'Abstention Religieuse

DANS LE TEMPS PRÉSENT

PAR

M. le Chanoine PLANEIX

PARIS

LIBRAIRIE BLOUD & Cⁱᵉ

4, RUE MADAME ET RUE DE RENNES, 59

1903

SCIENCE ET RELIGION

Études pour le temps présent. — Prix : 0 fr. 60 le vol.

— Certitudes scientifiques et certitudes philosophiques, par le R. P. DE LA BARRE, S. J., prof. à l'Institut catholique de Paris. 1 vol.
— *Du même auteur :* L'Ordre de la nature et le Miracle. 1 vol.
— L'Ame de l'homme, par J. GUIBERT, supérieur du séminaire de l'Institut catholique de Paris. 1 vol.
— Faut-il une religion ? par l'abbé GUYOT. 1 vol.
— *Du même auteur :* Pourquoi y a-t-il des hommes qui ne professent aucune religion ? 1 vol.
— Nécessité scientifique de l'existence de Dieu, par P. COURBET. 1 vol.
— *Du même auteur :* Jésus-Christ est Dieu. 1 vol.
id. Convenance scientifique de l'Incarnation. 1 vol.
— Études sur la pluralité des mondes habités et le dogme de l'Incarnation, par le R. P. ORTOLAN.
I. — *L'Épanouissement de la vie organique à travers les plaines de l'infini.* 1 vol.
II. — *Soleils et terres célestes.* 1 vol.
III. — *Les Humanités astrales et l'Incarnation.* 1 vol.
— *Du même auteur :* La Fausse Science contemporaine et les Mystères d'Outre-tombe. 1 vol.
id. Vie et Matière ou Matérialisme et spiritualisme en présence de la Cristallogénie. 1 vol.
id. Matérialistes et Musiciens. 1 vol.
— L'Au-delà ou la Vie future d'après la foi et la science, par l'abbé J. LAXENAIRE. 1 vol.
— Le Mystère de l'Eucharistie. — Aperçu scientifique, par l'abbé CONSTANT. 1 vol.
— *Du même auteur :* Le Mal, sa nature, son origine, sa réparation. 1 vol.
— L'Eglise catholique et les Protestants, par O. ROMAIN. 1 vol.
— *Du même auteur :* L'Inquisition, son rôle religieux, politique et social. 1 vol.
— Mahomet et son œuvre, par I. L. GONDAL, professeur d'apologétique et d'histoire au séminaire Saint-Sulpice. 1 vol.
— *Du même auteur :* L'Eglise Russe. 1 vol.
— Christianisme et Bouddhisme (*Études orientales*), par l'abbé THOMAS, vicaire général de Verdun. 2 vol.
— *Du même auteur :* Dieu auteur de la vie. 1 vol.
id. La Fin du monde d'après la Foi. 1 vol.
— Où en est l'hypnotisme, son histoire, sa nature et ses dangers, par A. JEANNIARD DU DOT, auteur du *Spiritisme dévoilé*. 1 vol.
— *Du même auteur :* Où en est le Spiritisme. 1 vol.
id. L'Hypnotisme et la science catholique. 1 vol.
id. L'Hypnotisme transcendant en face de la philosophie chrétienne. 1 vol.

ctions spécieuses comme devant d'inexplicables énigmes ; aux jeunes
s désireux d'approfondir la science de la foi ; aux conférenciers, prédica-
urs, professeurs astreints à des recherches longues et fatigantes ; aux
res toujours désireux de faire lire des ouvrages vraiment remar-
bles, intéressant la défense de la Religion, n'est-ce pas rendre service
résenter, dans une série de TRAITÉS SUBSTANTIELS et SUCCESSIFS, les
ncipales vérités philosophiques, historiques et religieuses ?

joutons que la publication de notre Bibliothèque par opuscules vendus
arément, à un prix modique, rendra facile à chacun la formation lente
successive d'une précieuse encyclopédie scientifique.

our réaliser ce programme, d'éminents collaborateurs ont bien voulu
s assurer leur concours. Parmi eux nous citerons : MM. GONDAL et
BERT, professeurs à St-Sulpice, le R. P. de la BARRE, M. l'abbé PISANI,
fesseurs à l'Institut catholique de Paris, le R. P. ORTOLAN, M. l'abbé
SIANT, (tous deux) lauréats de l'Institut catholique de Paris, M. l'abbé
MAS, vicaire général de Verdun, M. GUYOT, auteur de la Raison
duisant l'homme à la Foi, M. G. FONSEGRIVE, O ROMAIN, P. COUR-
, ancien élève de l'Ecole polytechnique, JEANNIARD DU DOT, etc.

ette liste est destinée à s'allonger ; bientôt s'y ajouteront, nous en
ns la promesse, les noms des personnes si autorisées qui, dès la pre-
r heure ont bien voulu accorder à notre projet les plus honorables et
plus flatteurs encouragements.

n contribuant ainsi dans la mesure de nos forces à l'union de l'esprit
ntifique et de l'esprit de foi, nous répondons aux besoins de l'époque et
pensée du Pape Léon XIII dont la grande voix s'est si souvent éle-
pour recommander aux catholiques de se servir des connaissances et
méthodes scientifiques pour la défense de leur foi.

oici une première liste des ouvrages parus ou à paraître incessamment :

— **Certitudes scientifiques et Certitudes philosophiques** par le
P. de la BARRE S. J. professeur à l'Institut catholique de Paris, **1** vo .

— **L'Ame de l'homme** par J. GUIBERT prêtre de St.-Sulpice, pro-
eur de sciences naturelles (maison d'Issy). **1 vol.**

— **Faut-il une religion ?** par M. l'abbé GUYOT, curé-doyen de Co-
lmer, docteur en théologie et en droit canon, ancien professeur de théo-
e. **1 vol.**

— *Du même auteur :* **Pourquoi y a-t-il des hommes qui ne pro-
sent aucune religion ?** **1 vol.**

— **Etudes sur la Pluralité des mondes habités et le dogme de
carnation** par le R. P. ORTOLAN, docteur en théologie et en droit
onique, lauréat de l'Institut catholique de Paris, membre de l'acadé-
de Saint Raymond de Pennafort. **3 vol.**

. — *L'Epanouissement de la vie organique à travers les plaines de
fini.* **1 vol.**

. — *Soleils et terres célestes.* **1 vol.**

I. — *Les Humanités astrales, et l'Incarnation.* **1 vol.**

Chaque vol. se vend séparément.

— L'Au-delà ou la Vie future d'après la foi et la science par M. l'abbé J. LANENAIRE, docteur en théologie et en droit canon et de l'Académie de St Thomas d'Aquin, professeur au grand séminaire de St-Dié. **1 vol**

— Le Mystère de l'Eucharistie. — Aperçu scientifique par M. l'abbé CONSTANT, docteur en théologie, lauréat de l'Institut catho'ique de Paris. **1 vol.**

— L'Eglise catholique et les Protestants par O. ROMAIN auteur de : *L'Eglise et la Liberté, Le Moyen Age fut-il une époque de ténèbres de servitude !* **1 vol.**

— Mahomet et son œuvre par I. L. GONDAL, professeur d'éloquence au séminaire Saint-Sulpice. **1 vol.**

— Christianisme et Bouddhisme (*Etudes orientales*) par M. l'abbé THOMAS, vicaire général de Verdun. **2 vol.**

L'ouvrage est divisé en deux parties dont aucune ne se vend séparément.

Première partie : *Le Bouddhisme.*

Deuxième partie : *le Bouddhisme dans ses rapports avec le christianisme. — Ascétisme oriental et ascétisme chrétien.*

— Où en est l'Hypnotisme, son histoire, sa nature, et ses dangers par A. JEANNIARD DU DOT, auteur du *Spiritisme dévoilé.* **1 vol.**

— *Du même auteur :* Où en est le Spiritisme, sa nature et ses dangers. **1 vol.**

————————

— Nécessité scientifique de l'existence de Dieu, par Pierre COURBET, ancien élève de l'Ecole Polytechnique. — In-18 raisin de 72 pages. — Prix, 0 fr. 60.

— *Du même auteur :* Jésus-Christ, In-18 raisin de 72 pages. — Prix, 0 fr. 60.

Ces deux derniers opuscules, parus il y a environ un an, sont édités exceptionnellement dans le format in-18 raisin. Leur succès considérable et si encourageant a déterminé la création définitive de la bibliothèque des *Nouvelles Etudes.*

Dans le premier l'auteur expose, d'une manière brève mais très serrée, les preuves les plus décisives de cette affirmation que l'existence de Dieu est une vérité mathématique et le dernier mot de la science moderne. Dans le second, Jésus-Christ, M. P. Courbet continue son exposé rationnel et logique des fondements de la foi chrétienne. Après avoir démontré par des preuves uniquement scientifiques que Dieu existe, il en déduit que Jésus-Christ est Dieu.

————————

CITEAUX. — IMP. GUILLERMAIN.

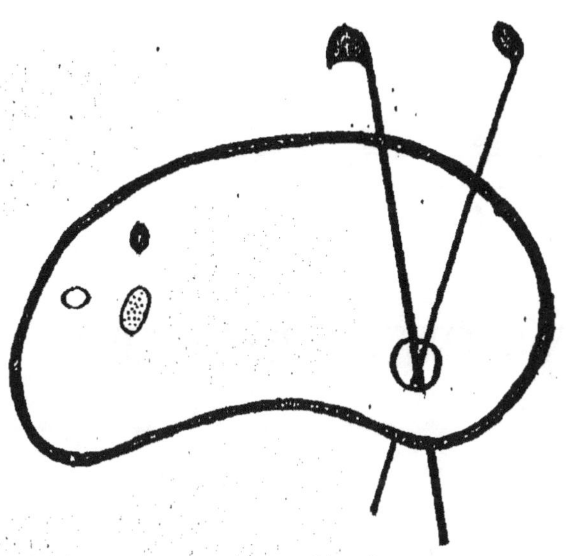

FIN D'UNE SÉRIE DE DOCUMENTS
EN COULEUR

L'ABSTENTION RELIGIEUSE

SCIENCE ET RELIGION
Études pour le temps présent

L'Abstention Religieuse

DANS LE TEMPS PRÉSENT

PAR

M. le Chanoine PLANEIX

PARIS

LIBRAIRIE BLOUD & Cie

4, RUE MADAME ET RUE DE RENNES, 59

1903

Permis d'imprimer :

P. CHAUMONT
vic. gén.

Clermont-Ferrand, 10 Décembre 1902.

L'ABSTENTION · RELIGIEUSE

Entre les incrédules, d'une part, et les vrais catholiques, de l'autre, il y a dans notre société, un tiers parti qui représente l'abstention.

Les incroyants, les négateurs résolus de la religion ou de la Divinité peuvent être bruyants, parler haut, s'agiter avec une ardeur qui donne l'illusion du nombre ; mais, en fait, ils sont rares : les statistiques, en nous apprenant la proportion infime des enfants élevés sans culte dans les lycées, de par la volonté des parents, ou la proportion des morts qui ont réclamé le triste privilège d'un enterrement civil, en fournissent la preuve.

Les vrais chrétiens, ceux qui pratiquent leur religion, sont plus nombreux ; et cependant le chiffre en est minime relativement à la foule de ceux qui font profession d'être catholiques et qui ne pratiquent pas ; il décroît d'ailleurs de plus en plus. Vous le croirez sans peine, si vous considérez ce groupe édifiant, mais restreint, de fidèles qui fréquentent assidûment les églises, et si vous reportez ensuite vos regards sur cette multitude, cette immense multitude, ouvriers dans les ateliers et les usines, laboureurs à la charrue, gens de négoce dans les maisons de commerce, gens d'affaires dans les banques, les tribunaux ou les études, soldats dans les casernes, professeurs dans les collèges, savants dans les académies, hommes, femmes même, pour lesquels leur baptême n'est qu'une étiquette, qui ne remplissent pas le devoir chrétien, n'assistent pas aux offices, ne participent pas aux sacrements, ne tiennent habituellement aucun compte des rendez-vous que la religion leur donne.

Ceux-ci constituent le parti de l'abstention, et ce parti, dans le christianisme contemporain, forme une majorité désolante.

L'abstentionniste croit, il a été élevé chrétiennement ; généralement il a quelque sympathie pour le prêtre ; sa femme est pratiquante ; il envoyait ses filles aux écoles congréganistes. Il veut que Dieu bénisse le berceau de ses enfants, qu'il préside à leur mariage ; à aucun prix il ne consentirait à ce que son cercueil fût privé de l'encens et des prières catholiques ; mais là s'arrêtent les manifestations de son culte.

Croyant par éducation ou par habitude plutôt que par conviction personnelle, peu instruit de la foi, saturé d'objections, en proie au tourment des plaisirs ou à celui des affaires, il a une religion et il vit pratiquement comme s'il n'en avait aucune. Il traite son Dieu un peu comme Rachel traitait cette idole de Mésopotamie, qu'elle avait emportée cachée dans ses bagages, et à laquelle elle rendait quelquefois des hommages, à l'insu de tout le monde ; il semble qu'il ait un tiroir secret d'où il sort de loin en loin sa religion pour s'en servir dans les grandes circonstances, baptême, mariage, funérailles, et où il la remet ensuite, comme faisaient nos grands-pères pour leur uniforme de garde national.

Cette indifférence-là, nous la coudoyons à chaque pas ; elle est à notre porte ; elle s'asseoit peut-être à notre foyer.

Ce n'est pas l'indifférence en général, la négligence qui exista, à des degrés divers, dans tous les siècles ; c'est l'indifférence érigée en principe, celle dont nous souffrons, dont souffrent les âmes contemporaines. Autrefois des catholiques pouvaient bien omettre telle ou telle pratique de leur religion ; mais ces omissions étaient partielles et momentanées. Ils reconnaissaient leurs obligations religieuses ; une fois ou l'autre, ils les subissaient, et cet illustre mauvais sujet lui-même, Voltaire, les Pâques venues, allait se confesser.

Aujourd'hui, cette indifférence règne souvent sur toute une vie, elle s'étend à toutes les pratiques, sauf deux ou trois, qu'on respecte comme des bienséances imposées par l'opinion plutôt que comme les manifestations d'un culte sincère ; pour un nombre immense et toujours croissant de baptisés, dans notre société, plus de prières, plus d'autel, plus de dimanche, plus de Pâques, plus de Christ, plus de Dieu. C'est l'abstention absolue, durable, réfléchie, à l'état de système.

Léon XIII a plusieurs fois signalé cette abstention comme le plus grand péril de l'heure présente, et il n'y a pas un de ses prédécesseurs, depuis un siècle, qui n'ait élevé la voix pour la dénoncer aux catholiques comme le fléau le plus redoutable des temps modernes.

C'est à la lumière de ces enseignements que nous rechercherons les causes de l'abstentionnisme contemporain, — et que nous en étudierons les effets.

I

CAUSES DE L'ABSTENTION RELIGIEUSE

L'abstention religieuse, dont un si grand nombre de catholiques de notre temps éprouvent les ravages, n'a pas atteint ce développement et cette formidable puissance en un jour. Elle n'est pas née d'hier ; ses racines plongent dans un passé déjà lointain.

Sa première cause est une cause historique : c'est le mouvement d'action religieuse qui commença avec Luther en 1517, tragédie en trois actes, qui semble toucher en ce moment à sa fin, et qui laisse la religion affaiblie, la vérité discutée et amoindrie, la société ébranlée, l'autorité découronnée, la famille en ruines, le monde dans l'inquiétude de ce que l'avenir nous prépare.

Plus de catholicisme, dit Luther. Et tout ce qu'il avait reçu de génie, de fougueuse éloquence, de verve comique, d'ardeur passionnée et indomptable, il s'en servit pour bafouer l'Eglise, rendre ridicules et odieux le pape, les évêques, les prêtres, se persuadant que sur tant de ruines, il arriverait à établir l'édifice d'un christianisme immaculé.

C'était son rêve, et il ne voulait pas aller plus loin dans la destruction ; mais la logique des choses est plus forte que la volonté des hommes. Eh quoi !

disent les disciples du moine allemand, cette vieille Église catholique, ces longues théories d'apôtres, de martyrs, de docteurs, de vierges ; cette unité, cette sainteté, cette catholicité, toutes ces croyances du passé, ne sont qu'erreur et mensonge ? qu'est-ce donc que le christianisme lui-même ? qu'est-ce que Jésus-Christ, puisqu'il n'a pas su empêcher la superstition d'altérer son œuvre ? Plus' de catholicisme, dites-vous. Nous concluons : plus de christianisme, plus d'Église, plus de Jésus-Christ !

Pour faire entendre, à la face du monde, la négation originelle, il s'était rencontré un homme d'une vaste intelligence, d'une audace incroyable, ayant tour à tour sur les lèvres une éloquence entraînante, une dialectique invincible, un rire puissant et sonore. Pour lui faire écho et rendre populaires les conséquences de ses doctrines, il se rencontra un homme mieux armé encore et plus redoutable. Dans la nation la plus spirituelle du monde, sur ce point privilégié du globe où la force ne peut rien, où le ridicule tue, un écrivain se trouva qui avait plus d'esprit qu'aucun autre avant lui, et qui employa tout cet esprit, toutes ses veilles à persifler le christianisme. Un siècle durant, Jésus fut hué, tourné en dérision, aux applaudissements d'une foule légère.

Toute la terre retentit des éclats de rire de Voltaire, et le monde entier prit goût à ses moqueries.

Ce ne pouvait être la fin. Jésus n'est qu'un fourbe, et l'Évangile une duperie, avait-on dit. Mais alors, demanda la foule, où est la religion ? Plus de catholicisme, avait affirmé Luther. Plus de christianisme, avait ajouté Voltaire. Dans notre temps, mille autres ont conclu : Plus de religion !

Et alors, toute vérité religieuse a été mise en question, discutée, niée, critiquée, tournée en dérision. On a révoqué en doute tous les dogmes de l'Église, censuré et travesti sa morale, démonté pièce par pièce tout son organisme, remplacé chaque beauté séduisante par une repoussante difformité. La fausse science, la haine sectaire, l'ont tour à tour représentée comme l'ennemie implacable et séculaire de tout ce qui est grand, beau, bien. La politique l'a tenue en suspicion, molestée, dénoncée à la colère des foules, dépouillée de tout ce qui pouvait lui donner du prestige, et on l'a poussée, ainsi travestie, humiliée, devant la multitude, en disant : Voilà la religion ! Étonnez-vous maintenant que l'obéissance ait fléchi dans les âmes, qu'un grand nombre, entendant les objections dont leur foi est assaillie, voyant la déconsidération dont on l'entoure, mal instruites d'ailleurs ou pusillanimes, ne lui accordent plus ces hommages fermes et sûrs que le passé lui donnait. Elles n'en arrivent pas encore à nier des croyances qui ont pénétré dans la moelle de leurs os avec le sang des ancêtres, mais l'esprit saturé de toutes les objections accumulées par trois siècles d'impiété, voyant d'ailleurs la religion bafouée, tournée en ridicule, sans crédit, elles ne la tiennent plus en si grand honneur et elles ne professent pour ses préceptes qu'un respect amoindri. Pour moi, ce qui me surprend, ce n'est pas que beaucoup de catholiques aient cessé de pratiquer leur religion, c'est que travestie, dénigrée, déshonorée, avilie, elle ne soit pas universellement délaissée et qu'elle règne sur un si grand nombre de cœurs sincères et d'âmes dévouées.

Que les objections accumulées depuis trois siècles contre la religion, que le discrédit où l'on essaye de l'établir, que toutes les conjurations de la politique et de la science pour la déconsidérer aient amoindri son autorité, et par là même affaibli ou ruiné en beaucoup de catholiques le respect et l'obéissance à ses préceptes, ce n'est pas douteux ; mais leur abstention se rattache plus souvent encore à une cause morale qu'à l'influence des causes historiques.

La pratique religieuse impose des sacrifices ; elle demande un courage viril ; elle exige que l'homme établisse sa vie dans l'honnêteté ; qu'il règne sur ses passions, même sur les passions dont les emportements et les révoltes sont plus difficiles à contenir.

Ce fait rend intelligible une énigme, qui semble inexplicable à première vue : c'est que de toutes les religions, l'Eglise catholique est la seule qui rencontre dans son sein des adversaires systématiques de ses pratiques confessionnelles et qui ait des ennemis déclarés parmi ses propres enfants. L'Indien agenouillé sur les rives du Gange observe avec exactitude les rites de sa superstition. L'Egypte a toujours montré pour le service de ses divinités un respect sacré. La Grèce, si libre et si hardie parmi tant de satires immortelles, n'a rien laissé qui ait un nom contre le culte des dieux. Rome, à quelque moment qu'on la regarde, dans la liberté comme dans la servitude, nous apparaît entourée de ses pontifes et fidèle à la fréquentation des temples. Nos pères, dans les forêts de la Gaule et sous les dolmens de l'Armorique, rendaient aux puissances supérieures des hommages pieux. Je ne parle point d'Israël où les moindres formalités du culte étaient entourées de vénération.

Et de nos jours, nous ne voyons pas que les pratiques cultuelles du schisme, de l'hérésie, du judaïsme, suscitent des protestations.

Expliquez ce prodige. Direz-vous que la pratique religieuse, dans l'Eglise, est moins digne du respect des hommes que les rites du paganisme ou de l'hérésie ?

Non, non : le bon sens ne souffre pas qu'on émette une telle affirmation.

La pratique religieuse catholique est la seule qui provoque des répulsions et qui soit aux prises avec la haine, parce qu'elle est la seule qui contrarie les

passions. Seule elle trouble à fond leur tranquillité,
en leur redisant sans cesse cette parole immortelle :
Non licet, cela n'est pas permis.

Vous êtes catholiques, et vous savez que votre religion vous impose le devoir de la confession et de la
communion. Ce devoir, croyant convaincu et logique,
vous voulez le remplir. Mais cela ne peut aller qu'au
prix d'une attention vigilante et d'un effort permanent
contre le mal. Vous respecterez la justice ; homme
de négoce, homme d'affaires, banquier, industriel,
magistrat, vous garderez vos mains pures de toute
rapine ; sinon, la restitution deviendra la condition
indispensable de tout pardon. Jeune homme, vous
conserverez dans une chair rebelle une âme maî-
tresse d'elle-même et chaste ; époux, vous serez
fidèle à vos serments ; sinon vos défaillances s'élè-
veront comme une barrière sur le chemin de la communion. Vous n'y pourrez paraître que si vous êtes
résolu à triompher des habitudes coupables et à ré-
fréner vos sens. L'orgueil monte sans cesse à l'assaut de
votre âme ; il vous prêche l'indépendance de la raison,
les incertitudes de la foi, la nécessité de ne croire que
sous réserve. Mais votre conscience de chrétien exige
que votre raison soit soumise à la foi, qu'elle accepte
les enseignements de l'Église, et que vous vous
déclariez prêt à sceller de votre sang le moindre de ses
dogmes.

De là, dans tous les catholiques, même les meilleurs,
les plus croyants, une antipathie, une opposition nécessaire contre la pratique religieuse, l'opposition du
mal contre le bien, des passions contre la vertu, l'opposition du coursier indompté contre le frein qui le
contient, de l'esclave contre le maître qui le domine.
Alors de deux choses l'une ; ou l'attachement aux pratiques religieuses l'emporte, et cette vie s'établit dans
le respect du devoir et dans l'honnêteté ; ou bien les
passions triomphent, et la pratique religieuse est délaissée dans la mesure même des victoires que le

mal a remportées. En vain, la raison, la conscience, l'Eglise protestent contre cette défection, contre cette contradiction entre les actes et les convictions : le catholique abdique et désarme par lassitude de la lutte, par faiblesse, par attachement au mal, et il tourne résolument le dos au devoir et à la lumière : *rebelles lumini.*

Aussi bien, quels sont ceux qui passent dans le parti de l'abstention, et à quel âge se produit ordinairement cette défaillance ?

Ce n'est pas le savant blanchi dans l'étude, qui déserte les sacrements et la prière, parce qu'il en a reconnu l'inutilité. Ce n'est pas l'homme mûr, maître de son âme, et habitué à gouverner sa vie dans la vertu. C'est l'adolescent, à cet âge où les passions font en lui leur entrée tumultueuse et lui déclarent une guerre sans merci. Ce n'est pas en un jour qu'il abandonne la pratique religieuse ; il la délaisse ; puis sous la pression de sa conscience, il y revient, il s'en éloigne encore, ou du moins il la rend plus rare, jusqu'au jour où, sa foi s'étant obscurcie ou altérée, ses désordres s'étant accrus, ses sens ayant affermi leur empire, il s'endort dans l'indifférence comme dans un sommeil de léthargie.

Cependant, n'exagérons rien ; il est juste de reconnaître, et nous le faisons avec un plaisir sincère, qu'il se rencontre beaucoup d'abstentionnistes dont la vie est pure, et l'honnêteté sans tache. Mais s'ils ne baissent point la tête sous le joug des passions, sont-ils également affranchis de la tyrannie du respect humain ?

C'est de tout temps, avançait Bourdaloue devant Louis XIV, que les hommes se sont laissé dominer par le respect humain, et c'est de tout temps que les partisans du monde se sont fait du respect humain une malheureuse politique aux dépens de la religion.

Le respect humain a des influences encore plus décisives à une époque où il est mal porté d'être catholique. Quand l'Eglise marchait la main dans la main avec les pouvoirs publics, ils étaient légion ceux qui faisaient étalage de leur religion et qui même affectaient à temps et à contretemps d'être de la Congrégation. Mais, appliqués avant toutes choses à prendre le vent, ils ont changé d'orientation en même temps que l'opinion tournait. Vainement vous leur direz que le vrai chrétien n'hésite pas lorsque la voix impérative de la conscience se fait entendre, qu'il ne la contredit pas, qu'il lui obéit, dût-il lui en coûter places, honneurs, richesses, avancement; qu'il a peur de Dieu, son maître, non du prochain, son égal; qu'il n'est ni un roseau que tout souffle fait fléchir dans les attitudes les plus diverses; ni, comme disait saint Jean Chrysostôme, un miroir à qui tout objet impose sa forme et envoie ses couleurs. Vainement vous lui tiendrez le langage du bon sens et de la virilité. La situation qu'il sollicite, les honneurs, la popularité, la décoration qu'il convoite, ce ne sera pas assez peut-être pour qu'il prenne rang parmi les sectaires; ce sera assez pour qu'il s'établisse officiellement dans le parti de l'abstention.

A plusieurs, il n'en faut pas même autant et la peur d'un sourire suffit à les mettre en déroute. On craint les beaux parleurs, ceux qui tiennent le haut bout dans les conversations et les quolibets de cabaret. Si je faisais cet acte de religion, de quel ridicule ne serais-je pas couvert! Je sais bien que N. S. a dit: si quelqu'un rougit de moi devant les hommes, je rougirai de lui devant mon Père; n'importe, je n'ose. Je sais bien que l'esclave est moins à plaindre que moi; sa servitude est un malheur, la mienne est une faute. Son corps est enchaîné, et c'est mon âme qui traîne des fers. Sa condition est abaissée, il obéit sous la terreur du fouet; la mienne est pire; je recule, j'avance, je parle, je me tais, je me produis, je m'efface sous la terreur du rire. N'importe, je n'ose. Que d'attentats cette pa-

role a fait commettre contre Dieu ! Cet homme, qui a
été baptisé, qui a fait sa première communion, qui a
eu un père pratiquant et une sainte mère, se confesse-
rait si on ne le voyait pas ; on le verra ; il n'ose. Cet
homme serrerait la main d'un ami chrétien sur la voie
publique, tout au moins il le saluerait, si on ne le
voyait pas ; on le verra ; il n'ose. Cet homme qui se
débat sur son lit de mort désirerait ardemment la visite
du prêtre ; mais il n'ose, le malheureux ! Par terreur
du jugement des hommes, il en vient à braver le jugement de Dieu.

Les causes historiques, les causes morales sont des
sources trop fécondes de l'abstention religieuse. Mais
ce grand mal dont nous souffrons si douloureusement
et dont nous sommes menacés de mourir, a un autre
principe ; il a des causes sociales. Il faut en accuser le
milieu, la famille d'abord et l'école, et aussi les conditions sociales présentes.

Autrefois, quand Dieu avait mis entre le père et la
mère une âme immortelle, sous la forme d'un enfant,
leur première inspiration était de dire : Nous en ferons
un chrétien. L'air qu'ils lui faisaient respirer était im-
prégné de christianisme ; ils faisaient passer le christianisme dans toutes ses facultés et jusque dans la
moelle de ses os. Aujourd'hui, la première préoccupa-
tion des parents, c'est de savoir quelle situation il
aura, quel capital ils lui assureront, quelle destinée il
remplira. Trop souvent du moins, ils sont divisés sur
la plus grave des questions, la question de sa formation religieuse ; à côté d'une mère qui adore et qui
prie, il y a un père qui nie ou qui blasphème. L'enfant, témoin de ce dualisme permanent, des négligences, des omissions, des violations systématiques de
la loi divine, des scandales qui souillent un si grand

nombre de foyers, pourra bien être robuste de corps ; il sera rachitique d'âme et n'aura qu'un tempérament religieux amoindri.

Incomplètement formé dans la famille au point de vue religieux, affaibli, dans sa conscience, par des exemples d'indifférence ou d'irréligion, l'adolescent entre à l'école. Elle ne pourrait être féconde pour lui qu'à la condition de l'instruire de Dieu, et de ne pas livrer son intelligence, comme une proie facile, au doute ou à l'impiété. Non, ne montrez pas à l'enfant le sophiste qui nie, à moins que ce ne soit à la manière de Sparte, qui exposait des esclaves ivres, afin de détourner de ce vice les vrais citoyens.

Or, il s'est levé parmi nous, dans l'avant-dernier siècle, un sophiste qui a dit : L'école sans Dieu !... Et au lieu de le chasser avec des verges, comme on fait d'un malfaiteur public, nous l'avons applaudi. Tout le long du dernier siècle, ses disciples ont répété tous les jours : L'école sans Dieu ! Et nous avons fini par réduire en pratique leur doctrine. Il y a, en France, des milliers d'enfants qui arriveront à l'âge d'homme sans jamais avoir entendu tomber des lèvres de leur maître, le mot : Dieu. Et dans beaucoup d'établissements d'éducation secondaire, non seulement l'enseignement de la [religion est incomplet, rudimentaire, sans éclat ; non seulement cet enseignement tronqué et insuffisant est tenu en discrédit, au point qu'avoir un prix d'instruction religieuse est une sorte d'opprobre, mais toutes les portes ont été ouvertes au doute et à l'irréligion. « Semblable, disait déjà Lamartine, à ces fils de barbares qu'on trempait tour à tour en naissant dans l'eau bouillante et dans l'eau glacée pour rendre leur peau insensible aux impressions des climats, l'enfant a été jeté tour à tour dans la foi et dans l'incrédulité. Il lui faudrait deux âmes et il n'en a qu'une. On la tiraille et on la déchire en sens contraire !... »

Les cours supérieurs du moins guériront-ils ces maux dans l'âme du jeune homme et combleront-ils ces lacunes ? Hélas, non. C'est à cette heure, au contraire, que le danger s'accroît et que les jeunes gens abandonnent définitivement la pratique religieuse. On a vu dans notre génération, des professeurs, des hommes mûris par l'âge, enseigner, aux applaudissements d'une jeunesse légère, qu'il n'y a pas d'âme, pas de liberté morale, ni de responsabilité, que la religion n'est qu'une duperie ; la morale, une affaire d'instinct ; la conscience, un mécanisme. En ces dernières années, je le reconnais avec joie, ces doctrines inouïes ont perdu beaucoup de leur popularité ; mais si l'esprit public se déclare de plus en plus hostile à l'impiété étroite, il s'en faut bien qu'il soit pénétré pour cela du besoin de la religion. Étonnez-vous donc qu'à 16 ans le jeune homme commence à sourire de sa religion, qu'à 18 il ne la pratique plus que pour faire plaisir à sa mère, qu'à 20 il l'abandonne et la mette au rebut. Qui a semé le vent doit récolter la tempête ; qui a jeté dans les âmes le doute, l'incertitude, l'impiété, doit y faire germer l'indifférence.

Une fois achevée cette préparation à la vie, vos fils entrent dans la société. Qu'y trouvent-ils ? Un milieu détestable, aussi défavorable que possible à la foi, où elle ne saurait subsister, à moins d'être profondément ancrée dans l'âme. Ils trouvent dans presque tous les cafés des mauvais journaux, à presque tous les étalages de libraires des mauvais livres, à tous les coins de rue, le soir, des courtisanes embusquées pour solliciter leur vertu ; sur tous les boulevards, des théâtres, et quels théâtres ! si licencieux, sous couleur d'art, que souvent le parterre, cependant peu prude, s'est révolté et a crié : Assez, assez !

Telle est la vie privée. Dans la vie publique, Dieu est traité comme un étranger, chassé des lois, des assemblées, des conseils de la nation ; la religion tenue pour une quantité négligeable, si elle est faible, battue en brèche, si elle est forte ; la morale catholique regardée comme une vieillerie sans prestige

et démodée ; l'honneur méprisé et remplacé par des
honneurs ; des hommes, enrichis par des spéculations
innommées, passant le front haut et s'asseyant avec os-
tentation sur les plus hauts sommets ; l'adultère,
doublé de trahison, devenu si commun qu'il n'étonne
personne ; l'honnêteté publique incertaine et déconcer-
tée ; les mœurs en déroute, les consciences à l'encan.
Dans la politique, ni foi, ni loi, ni droits ; les causes
les plus sacrées jugées sans intérêt, dès qu'elles sont
désarmées, délaissées indignement dès qu'elles sont
vaincues...

Quoi d'étonnant si cette épreuve est trop forte, et si
une foi mal affermie, mal éclairée, succombe prompte-
ment dans cette atmosphère malsaine ! Aussi quand
on regarde chaque génération et qu'on cherche les catholiques qui ont le courage, dans ce paganisme nou-
veau, de demeurer fidèles à leur Dieu et à leur foi,
on voit que c'est comme dans la scène du naufrage
peinte par Virgile :

Apparent rari nantes in gurgite vasto.

Quand ce catholique, qui l'est seulement de nom et
par le baptême, reviendra-t-il à la pratique religieuse ?
Jamais, c'est fini, jusqu'à cette absolution incertaine
qu'un prêtre lui donnera au milieu des épouvantes de
l'agonie. Homme mûr, les affaires le saisissent ; les
plaisirs succèdent aux affaires ; il est absorbé. Vingt
ans, trente ans s'écouleront ainsi ; ne niant rien, n'affir-
mant rien, il aura autre chose à faire que de s'occuper
de Dieu. Qu'on ne lui demande pas pourquoi il ne prie
pas, pourquoi il se dérobe à tout devoir religieux, il
n'en sait rien ; il ne prie pas aujourd'hui, parce qu'il
ne priait pas hier, ni avant-hier, ni les années précé-
dentes. Ce n'est pas qu'il nie, il croit. Ce n'est pas
qu'il soit sous le joug des passions ; il est honnête,
probe, loyal. Mais il a chassé Dieu, et maintenant son
cœur ressemble à une de ces maisons vides dont le

maître est mort, ou à un de ces sanctuaires profanés, où il n'y a plus ni autel, ni lumière, ni encens. C'est un organisme mort, ou du moins tombé en catalepsie. Il n'agit plus, et il risque de rester dans ce sommeil léthargique jusqu'à ce que la justice de Dieu, soudaine comme la foudre, éclatera sur lui.

De fait, l'abstentionniste ne pourrait être ramené à la pratique religieuse que par une étude consciencieuse de la religion. Tant que son esprit demeurera hésitant et enténébré, sa volonté n'agira point. Mais une fois qu'il a pris pied dans la vie, il n'a plus ni le temps, ni le goût de cette étude.

Je dois à mon siècle beaucoup d'indulgence, je lui dois encore plus de franchise. Soyons donc sincères : quels sont ceux d'entre les abstentionnistes qui sachent leur religion ? Professeurs, magistrats, hommes d'affaires, messieurs de l'Université, avocats, combien sont-ils qui sachent leur catéchisme ? On le laisse à douze ans et on n'y revient plus ; on n'y revient plus, parce qu'on a mieux à faire. On y reviendra quelque jour, quand il n'y aura plus d'affaires à traiter, de fortune à faire, d'argent à gagner, de jouissances à poursuivre, d'héritière à épouser. En attendant, on va au plus pressé ; parce que le siècle le veut ainsi, siècle qui aime les réalités palpables, non la métaphysique, siècle positif qui a pour cœur et pour cervelle un sac de gros sous.

L'abstentionniste lit cependant ; car nous sommes aussi un siècle liseur, et il y a certainement dans cette assemblée plus d'une petite ouvrière qui a plus de lecture que saint Ambroise ou saint Augustin. Mais que lit-il ? Ni le robuste in-folio de nos pères, ni l'in-quarto majestueux, ni le noble in-octavo, ni l'in-douze léger, ni aucun livre traitant des grands problèmes qui ont passionné l'humanité. Il lit le journal, et non point dans son journal, les articles sérieux, les nouvelles scientifiques, les questions religieuses, non, mais des feuilletons, des cancans de boulevards, des historiettes grivoises, des anecdoctes d'actrices et de coulisses. Ce n'est pas, assurément, faire preuve d'humeur chagrine, de dire que notre littérature a atteint les dernières frontières de la frivolité et même de la dépravation. Je ne crois pas que jamais peuple ait souillé d'autant de boue son papier, et qu'il se trouve quelque part au monde, une collection d'écrits comparables à ceux qui nous encombrent : romans, tragédies, feuilletons, pièces de théâtre, qui ont invariablement pour base l'adultère, et pour assaisonnement l'impiété ! C'est au point qu'il ne faudrait circuler en certaines librairies que comme on marche dans une rue de faubourg, sur la pointe des pieds et en prenant garde aux immondices.

Pour beaucoup de mes contemporains, cette ignorance religieuse est comme fatale. Les conditions sociales les établissent dans une impossibilité presque absolue d'en sortir. Nous avons, par exemple, en France, six cent mille soldats ; comment peuvent-ils s'instruire de leur foi et la pratiquer ? Si un prêtre veut approcher d'eux, leur dire seulement une messe le dimanche, c'est, dans la presse, le lendemain, des cris d'oiseaux farouches, et, de la part de beaucoup de gens, une opposition froide et invincible. Nous avons, dit-on, six millions d'ouvriers. Que font trop souvent les patrons, les chefs d'usines ? Ils prolongent le travail le dimanche jusqu'à midi, et ils ne rouvrent l'atelier ou le chantier que le lundi à midi, empêchant l'ouvrier de s'instruire et de se moraliser le dimanche, l'aidant à se démoraliser le lundi. Nous avons cinq cent mille employés de chemin de fer, pauvres gens qu'un effroyable labeur supprime pour ainsi dire de la société. Quels moyens leur donna-t-on jamais de s'instruire de leur religion et de satisfaire à ses obligations ? Il y a dans les maisons de commerce et les ateliers des petites ouvrières par milliers. Ne leur enlève-t-on pas le seul jour où elles pourraient penser à Dieu, et ne les enchaîne-t-on pas à un travail aussi fatal à leur âme qu'à leur corps, pour peu que les commandes soient pressantes et qu'une cliente désire avoir sa belle toilette pour le bal du lendemain ?

Ainsi, ce sont d'immenses multitudes que notre état social pousse à l'abstention religieuse, et dans ces foules, assurément, des âmes captives sous le joug de la passion, mais beaucoup d'âmes droites, d'honnêtes gens qui ne toucheraient pas à un cheveu sur la tête d'un enfant, et qui vivent trente, quarante ans sans rendre aucun devoir à Dieu.

Que leur dire, sinon que la raison, la conscience, le bon sens, la voix de tous les siècles protestent contre une telle abstention ? Partout, toujours, l'humanité a cru en Dieu, prié Dieu, entretenu avec Dieu un commerce positif, où elle puisait toute lumière et toute force. Et par conséquent, ceux qui ne prient plus, qui n'ont avec Dieu aucune espèce d'union, que font-ils ? L'abstention religieuse les excommunie en quelque sorte de l'humanité.

Elle fait plus ; elle compromet, elle ruine les intérêts les plus sacrés de l'individu, de la famille, de la société.

II

EFFETS INDIVIDUELS DE L'ABSTENTION RELIGIEUSE

L'abstentionnisme est le mal le plus profond, le plus invétéré, le plus redoutable du temps présent.

Notre société nous offre ce contraste plus marqué de jour en jour : d'un côté, une activité immense pour la vie matérielle, un industrialisme effréné, la fièvre des affaires, une multiplication inouïe des théâtres, des lieux de débauche, des mauvais livres, une multitude croissante au service du Dieu Plaisir, du Dieu lingot, du Dieu nature, et de l'autre, l'indifférence pour tout ce qui tient aux aspirations supérieures de l'âme, à ses besoins, à ses destinées éternelles, l'oubli des devoirs religieux, un peuple qui ne va plus à la messe, qui ne se confesse plus, qui ne prie plus, qui est étranger à tout culte, la religion tenue à l'écart par le grand nombre, pratiquée seulement par une minorité.

Il importe que nous sachions où ce mal puissant, inconnu à l'humanité jusqu'au dernier siècle, doit nous mener s'il n'est pas combattu, si nous n'arrivons pas, nous, catholiques, à en arrêter les ravages. Instruits et effrayés par les conséquences qui nous menacent, peut-être sentirons-nous se réveiller notre virilité, et formerons-nous enfin contre la pensée irréligieuse qui nous mine la ligue décisive des hommes de bien. Il en est temps, il en est grand temps : depuis cent ans et plus, les hommes les plus éclairés nous ont annoncé des ca-

tastrophes, et les moins pessimistes de nos contemporains peuvent bien croire que le moment est proche où
ces prophéties se réaliseront. Qu'ils se lèvent donc, les
défenseurs de la foi menacée ; car l'heure est critique,
et les perspectives sont formidables.

Pour l'homme, qu'est-ce que l'abstentionnisme ?

Qu'est-ce qu'une vie sans religion pratique ? Une vie
sans religion pratique, c'est une vie sans Dieu, c'est
l'athéisme. C'est une vie sans lumière, c'est le renversement de la raison. C'est une vie sans frein. C'est une
vie sans espérance.

« L'athéisme, a-t-on dit, n'est pas une doctrine ; c'est
un délire. Si vous rencontrez sur votre route quelqu'un
de ces mécréants qui vont jusqu'à cette audace et jusqu'à
cette inconscience, ne lui faites pas l'honneur d'une
discussion, ce n'est pas un sage, ce n'est pas même un
honnête homme ; livrez-le au mépris de sa conscience
et de la société : c'est un malfaiteur public. » La négation de Dieu est à ce point contre nature que les phi-
losophes, depuis bien longtemps, depuis qu'il y a une
philosophie, se sont demandé s'il est possible à un
homme de nier Dieu avec conviction et sincérité, et la
solution du problème est encore incertaine.

Même à notre époque l'athéisme a rarement osé se
produire tel qu'il est, dans son vrai jour et sans dé-
guisement. Il s'est appelé le panthéisme, le matérialisme, le positivisme, semblable à ces criminels flétris
par la loi, et qui prennent un faux nom pour échapper
au mépris public. Il n'y a pas un peuple qui regarde
le mot athée comme un qualificatif inoffensif ; ce
mot demeure une injure dans toutes les langues de
l'univers.

Or l'abstentionnisme, c'est la négation effective de
Dieu, c'est l'athéisme en acte,

L'abstentionniste a foi en Dieu, il a foi en l'Eglise. Elle l'a marqué par le baptême d'un caractère indélébile ; il ne consentirait pas, même, je le pense, au prix de la vie, à la renier. Il veut qu'elle instruise ses enfants, qu'elle soit là dans les heures les plus graves de leur vie, au baptême, au mariage ; il entend qu'elle bénisse et garde sa tombe. C'est bien. Mais à part ces circonstances exceptionnelles, dans lesquelles il atteste qu'il y a un Dieu, sa vie tout entière dit bien haut qu'il n'y en a pas. S'il y a un Dieu, c'est un devoir pour l'homme, sa créature, de l'honorer par la foi et les œuvres. L'abstentionniste croit ; c'est l'hommage de l'intelligence ; mais c'est un hommage tout intérieur, c'est d'ailleurs un hommage mutilé et insuffisant ; c'est l'intelligence surtout qui le rend, tandis que le cœur et la volonté demeurent inactifs et silencieux, et que le corps, cette boue façonnée et assouplie par le Tout-Puissant, lève contre lui un front séditieux. Or, l'humanité a toujours voulu qu'il y eût un autre moyen que le culte intérieur pour affirmer Dieu et reconnaître son domaine souverain. Civilisés ou barbares, tous les peuples de la terrre ont bâti des temples à la Divinité, tous lui ont offert de l'encens, immolé des victimes, tous l'ont appelée par leurs chants ou par leurs cris ; tous ont essayé de la fléchir par des rites expiatoires, symboles visibles de leur foi. Dans cette acclamation universelle, dans cette universelle louange, une voix est muette, celle de l'athée, la voix de l'insensé qui a dit : Il n'y a pas de Dieu. Elle est muette aussi la voix de l'abstentionniste. Pour lui, comme pour le négateur, point d'autel, point de prière, point d'adoration, point de sacrifice, c'est l'attitude de l'athéisme.

S'il y a un Dieu, c'est un devoir de respecter sa loi. Mépriser le décalogue n'est pas nier implicitement son auteur ? Nouvelle profession d'athéisme accomplie par l'abstentionniste, dont la vie est une violation universelle et ininterrompue de la loi divine.

Le premier commandement lui dit : « Un seul Dieu

tu adoreras. » Il arrive que l'athée, dans les réunions mystérieuses de la maçonnerie, pratique un culte sans religion à l'égard d'une divinité fictive, qu'il appelle le grand Tout ou le grand Architecte. L'abstentionniste, dans la solitude de son cabinet, dans la tranquillité de son foyer domestique, dans l'agitation de ses affaires, dans l'ivresse de ses plaisirs, professe une religion sans culte. Le seul Dieu qu'il reconnaisse est un Dieu sans autorité ni droits sur ses créatures, relégué dans une éternité sourde et obscure, où il se désintéresse de l'humanité. Cela, c'est un rêve, c'est une fiction. Ce n'est pas Dieu.

Le second commandement dit : « Dieu en vain tu ne jureras : » L'athée fait du blasphème doctrinal le fond et la matière de ses systèmes ; l'abstentionniste fait de ses actes et de sa vie comme un blasphème articulé contre Dieu.

Il est sans Dieu, puisqu'il est sans dimanche. Il s'exile des temples, il s'affranchit de la prière, il abolit pour les siens et pour lui la sainteté du jour consacré, et son dimanche vide et sans culte a le même sens que le dimanche athée de la libre pensée.

Il est sans Dieu, puisque fatalement il est sans vertu. Quel sens a pour lui le commandement qui condamne la luxure ? L'athée professe la souveraineté des droits de la chair, il légitime la passion, il réhabilite la jouissance et la matière. Ce sont des dogmes. Pour l'abstentionniste, c'est sa pratique.

Il est sans Dieu, puisqu'il est sans respect pour l'Eglise, continuation vivante de Jésus-Christ. Elle en a les droits, elle en poursuit la mission. Cette mission, l'abstentionniste la conteste ; ces droits, il les nie par les apostasies de sa conduite.

Que m'importe donc que vous appeliez Dieu à votre mariage, à la naissance de vos enfants, s'il faut qu'il stationne ensuite à la porte de votre âme jusqu'au jour de votre mort, et si vous le traitez comme une quantité négligeable et négligée aussi longtemps que les folies du jeune homme, les spéculations de l'homme mûr, l'endurcissement du vieillard ont de la prise sur vous. Ou bien vous ne croyez pas en Dieu, ou bien vous faites de cette croyance une indécente exploitation. Ce que vous voulez, c'est que le Tout-Puissant soit à vos ordres et qu'il revienne seulement quand vous en aurez besoin. Mais aux jours de votre prospérité enivrée, qu'on ne vous en parle pas ; c'est le temps du plaisir, des affaires, de l'ambition, c'est le temps des orgies de Baal et des danses autour du Veau d'or. Qu'il revienne, qu'il revienne, quand la fatigue vous prendra, quand il ne vous restera plus d'illusion pour soutenir votre existence désenchantée, quand il vous faudra un pardon pour rasséréner votre coupable vieillesse, quand vous aurez besoin d'une grande miséricorde pour sauver votre profonde misère ; mais, jusqu'à la fin de cette intrigue, qu'il se retire de vous; *recede a nobis!*

Dites-moi s'il ne vaudrait pas mieux, pour l'honneur de Dieu et de votre conscience, une négation spéculative que cette négation par les actes ?

L'abstention n'est pas seulement la profession extérieure de l'athéisme ; elle en est la source. « Les chemins de l'amitié se couvrent de ronces, a écrit Chateaubriand, quand ils ne sont pas fréquentés. » Les voies qui mènent à Dieu s'effacent, quand on n'y passe pas. Une foi sans pratique religieuse est une foi qui s'éteint.

Oui, aujourd'hui plus de pratique, demain plus de foi ; c'est une loi organique. Toute faculté qui sommeille, tout organe qui ne fonctionne pas, s'ankylose ; il est frappé peu à peu de paralysie. La foi progresse, décline, meurt, en vertu de la même économie. Votre abstention est pour elle une sorte d'anesthésie. Vous la croyez endormie, il vous semble qu'il en demeure une étincelle sous la cendre ; un jour, vous remuez cette cendre ; c'est fini ; il n'y a plus que des tisons éteints.

Aujourd'hui plus de pratiques, demain plus de foi ; c'est une loi de la justice divine. Il est en quelque sorte de la dignité de Dieu, de ne pas souffrir longtemps d'être ballotté entre cette raison qui dit : Je crois, et cette volonté défaillante, dont les actes répondent : Je ne crois pas. Peut-il se prêter à demeurer dans cette conscience comme le palliatif de toutes les défections ? Non, il se retire, parce qu'il ne lui sied pas de souffrir indéfiniment les injures faites à sa présence, et il refuse d'être trop longtemps le témoin de ces fautes pour n'en point paraître le complice.

Aujourd'hui plus d'œuvres, demain plus de foi ; c'est une loi d'expérience. Les abstentionnistes s'excusent quelquefois en disant qu'ils ne croient plus. Mais les faits révèlent que c'est l'inverse qui est vrai : on ne croit plus, parce qu'on a cessé de pratiquer. L'indifférent place la religion tantôt après ses intérêts, tantôt après ses ambitions, tantôt après ses plaisirs : il affaiblit sa foi, il la ruine en ne l'alimentant pas. Et un jour vient où le doute se déchaîne en tempête dans son âme ébranlée, et où les vérités oscillent à ses yeux comme ces objets fantastiques qui tournoient sous les regards d'un homme violemment secoué. A l'endroit de la religion qui l'a baptisé, il est tout changé, il est mécontent d'elle, parce qu'il est mécontent de lui ; il la condamne, parce qu'elle le condamne ; il penche sans pureté de vues vers des conclusions qui s'élaborèrent en lui sans pureté de cœur. La nuit s'est faite autour de lui. La négation muette d'une vie sans Dieu a mis dans son cœur et sur ses lèvres les blasphèmes articulés de l'athéisme.

L'abstention religieuse, profession publique d'athéisme, source d'athéisme, en est encore la prédication efficace.

Au temps de la décadence romaine, les lettrés tournaient l'olympe en dérision et faisaient des dieux un objet de risée ; mais tous fréquentaient assidûment les temples, et les athées cachaient leurs vrais sentiments sous des robes de pontifes.

L'abstentionniste a moins de sagesse que les épicuriens de Rome ; ceux-ci évitaient de propager un athéisme qui était sincère ; celui-là propage un athéisme qu'il n'a pas.

Toute action humaine a son rayonnement pour le bien ou pour le mal. Tout exemple porte avec lui son apostolat. Tout acte a une éloquence plus décisive que celle de la parole. Or, l'abstentionniste fait de cette éloquence une prédication contre Dieu. Et quand les chefs des multitudes, quand des hommes puissants, qui ont la richesse et la popularité, quand des hommes éclairés, qui ont le talent et dont les contemporains subissent le prestige, agissent ainsi, que voulez-vous que pense, que dise, que fasse le peuple ? Il croit, à la fin, que Dieu est un automate, indifférent au bien et au mal, ou bien qu'il est une chimère inventée pour servir de risée aux habiles, et d'épouvantail aux sots. Peu à peu se forme ce que l'antiquité, au témoignage de Plutarque, ne croyait pas possible : un peuple sans autels, une nation qui ne croit rien, et dont le blasphème collectif éclate sans cesse contre Dieu.

Par cette prédication sacrilège, l'abstentionniste prépare à son pays un grand malheur ; il lui prépare aussi de grands châtiments. Il est impossible que Dieu chassé avec ignominie ne rentre pas en souverain et d'une manière terrible. Prophètes de l'abstentionnisme, montez aux observatoires de l'histoire, et, plongeant dans l'avenir, dites-nous comment sera préparé le retour du Dieu que vous avez chassé, dites-nous ce que vous voyez avancer là-bas, à l'horizon : est-ce le barbare dont la lance flamboie ? Est-ce l'invasion d'un voisin puissant et rapace ? Est-ce la fa-

mine ? Est-ce la discorde civile, avec ses troubles sanglants ? Je ne sais pas ; mais ce que je sais bien, c'est
que Dieu courbe sous le souffle de sa colère les
peuples qui refusent de s'agenouiller d'eux-mêmes, et
que, là où manque l'adoration, l'expiation ne se fait
pas beaucoup attendre.

Une vie sans pratique religieuse, c'est une vie sans
Dieu, c'est l'athéisme. C'est une vie sans lumière, c'est
le renversement de la raison.

Le renversement de la raison, c'est d'apprécier les
choses au rebours de leur valeur, de prendre l'or
pour de la boue, la boue pour de l'or. Tel est le délire
de l'abstentionniste. Il n'a rien compris à cette parole si
vraie : « Que sert à l'homme de gagner le monde, s'il
vient à perdre son âme ? »

Qu'est-ce que le monde, en effet ? « Un peu d'éther
condensé, dit Newton, une parcelle de matière. Quand
la main de Dieu le soupèse, quel poids a-t-il ? Quand
le regard de Dieu l'embrasse, quelle étendue a-t-il ? La
plus terrible des catastrophes imaginables, la confla-
gration de l'univers, que pourrait-elle être autre chose
que le pétillement, l'éclat et l'évaporation d'un grain de
poudre à la chandelle ? O vérité, il n'y a que les âmes et
Dieu qui offrent de la grandeur et de la consistance
à la pensée (1). »

Dieu et les âmes sont les seuls êtres sur lesquels le
néant n'a pas de droits. Aussi la ruine d'une âme
serait un malheur incomparablement plus grand que
la perte d'un monde, sombrant, comme un navire
échoué, dans l'immensité. Une création matérielle en-

____

(1) JOUBERT, *Pensées*.

combrée de ses ruines et roulant à travers les espaces
les épaves de ses astres refroidis, le céderait en tris-
tesse à la création morale désolée par la chute d'une
âme dans l'éternel malheur.

Comment donc compteriez-vous parmi les sages
celui qui joue son âme, je ne dis pas contre le monde,
le monde n'est pas l'enjeu, mais contre ce que le
monde renferme de plus fugitif et de plus vain, des
plaisirs, des jouissances, de la fortune ?

Le renversement de la raison, c'est qu'elle soit im-
puissante à gouverner la volonté, que l'homme sente
toute harmonie brisée entre ses pensées et ses actes,
qu'il porte au dedans de lui-même une permanente
contradiction. L'abstentionniste est cette énigme vivante ; il a le christianisme dans ses convictions, il a
le paganisme dans sa vie. Il croit que l'Eglise est divine, et cependant il outrage son autorité, il ne respecte point ses lois. Il croit que la vie est une expec-
tative militante et courte qui décidera de son éternité.
Mais quand vous descendez de sa foi à ses œuvres,
vous voyez que pour lui, la vie, ce sont des capitaux à
entasser, une famille à établir, des rêves malsains à
épuiser. Le bien et le mal, la vertu et le vice, Jésus-
Christ et Epicure se rencontrent perpétuellement dans
les profondeurs de son être moral. Attiré en haut par
sa croyance, il est perpétuellement remorqué en bas,
à travers toutes les fanges, par ses passions. L'homme
qui crée cet antagonisme permanent de lui-même
contre lui-même n'est pas seulement en dehors
des commandements de Dieu, il est en dehors de la
droite raison.

Le renversement de la raison, c'est de ne pas dis-
cerner le danger, de s'y jeter même avec inconscience
et tête baissée. La mort, par les coups qu'elle frappe

sans cesse, avertit l'abstentionniste qu'elle est certaine, inévitable, proche. Le bon sens chrétien lui dit qu'il n'a qu'une âme à perdre ou à sauver, que, perdue, elle le sera pour toujours, qu'il n'y aura plus à revenir jamais sur son sort éternellement immuable.

L'indifférent croit ces vérités redoutables ; mais il les croit en se jouant, et il vit comme s'il ne les croyait pas. Je ne suis pas surpris qu'on l'ait comparé à ces Césars stupides qui tuaient des mouches dans leur palais, quand il eût fallu défendre les frontières, ou bien à ce tyran de Thèbes, qui s'écriait : « à demain les affaires sérieuses », tandis que les conjurés étaient aux portes du festin.

Le renversement de la raison, c'est de se nuire à soi-même, de se faire du mal, comme par monomanie et sans le comprendre.

L'abstentionniste se consume à faire son malheur, comme inconsciemment, pour ce monde et pour l'autre. S'il est vrai que le bonheur soit le repos dans l'ordre, comment serait-il heureux ? Il forme un tout anormal, dont une moitié est en contradiction avec l'autre. Son âme est un foyer d'anarchie, le théâtre d'un dualisme douloureux.

Où qu'il aille, il trouve Dieu, il en entend les reproches ; il sent au fond de son âme le vide qu'y crée l'absence de l'infini. C'est le châtiment de sa vie terrestre, en attendant les châtiments autrement crucifiants que son indifférence, l'oubli de Dieu, le mépris de sa loi lui préparent pour l'éternité.

Une vie sans pratique religieuse, c'est une vie sans lumière et sans raison ; c'est une vie sans morale et sans frein.

Oui, l'abstentionniste proclame bien haut que, s'il est sans prière et sans sacrements, il n'est pas sans vertu. Il revendique avec fierté le titre d'honnête homme. Joseph de Maistre lui a répondu : « L'honnête homme qui va à la messe est plus honnête que l'honnête homme qui n'y va pas ». Celui-ci agit contre sa conscience, combat contre son drapeau, livre son Dieu et sa foi au mépris public. Son honnêteté est une honnêteté imparfaite et mutilée. Elle l'empêchera bien, je le reconnais, de prendre la fortune de son semblable, parce que la justice veille et que la société a des prisons et des bagnes. Elle ne l'empêchera pas de lui prendre son honneur et de commettre quelqu'un de ces attentats dont Dieu seul est le témoin et doit être le vengeur ; elle ne craint pas Dieu. Sa charité le portera bien à pratiquer une bienfaisance orgueilleuse, capable de lui gagner l'estime des hommes et la popularité ; elle ne le décidera pas à secourir les misères secrètes, à verser dans le sein du pauvre ces bienfaits cachés que Dieu seul connaît, et dont il sera seul la récompense. Cette honnêteté, c'est une honnêteté de surface, une honnêteté d'étalage et de devanture ; ce n'est pas l'honnêteté. En tout cas, c'est une honnêteté sans mérite ; elle n'a pas de racine dans l'amour ou la crainte de Dieu : elle n'aura point son retentissement dans l'éternité. Elle est faite d'orgueil, non d'humilité ; d'égoïsme, non de charité ; d'éléments tout païens, non de vertus chrétiennes. Vaine, elle porte avec elle-même sa vaine récompense, *vani vanam*. Dieu ne la bénit point. Il ne la reconnaîtra pas au dernier jour.

C'est aussi une honnêteté chancelante. L'abstentionniste se prive des sacrements, de la prière, de tous les secours surnaturels, sans lesquels l'homme est un jouet entre les mains des passions. Où est le fondement de sa morale ? Où est la sauvegarde et la protection de sa vertu ? Il y a des vertus, l'humilité, la charité, le renoncement, dont les siècles païens ignorèrent jusqu'au nom. L'Évangile les a apprises au monde. Et seuls, les secours surnaturels qu'il apporte peuvent en rendre la pratique possible. Cherchez parmi les païens et les indifférents de tous les temps, et dites-moi si

vous trouvez un homme qui contienne l'orgueil, qui
réfrène la luxure, qui gouverne ses passions. Cet
homme serait un miracle vivant, que l'humanité n'a
pas encore connu.

Une vie sans pratique religieuse, c'est aussi une vie
sans espérance. En ce monde, nous sommes dans la
voie, notre espérance, c'est d'arriver au but.

Quel est ce but, et pourquoi sommes-nous sur la
terre? Anaxagore disait : pour contempler le soleil.
Socrate ajoutait : pour apppendre à mourir. Epicure
répondait : pour goûter les plaisirs. Zénon affirmait :
pour braver la douleur. La foi enseigne : pour faire
notre salut.

Le premier travailleur qui se soit appliqué à ce
sublime ouvrage, c'est Dieu. Mais il n'a pas voulu
l'accomplir sans notre coopération et il ne nous
a pas affranchis du soin de l'aider. Il a revêtu notre
humanité. Il a vécu dans l'humiliation, il est mort en
esclave. Il a multiplié pour nous les moyens du salut :
une Église pour nous guider, un sacerdoce pour nous
instruire, des miracles pour confirmer notre foi, des
promesses pour élever nos espérances, des sacrements
pour alimenter notre charité, et, sur tous les autels,
dans tous les baptistères, dans tous les confessionnaux
de la catholicité, des flots intarissables de son sang
pour nous justifier.

Mais cette justification ne se fera que si nous allons
puiser aux sources que le Christ a établies. Ce sont là
des vérités qui semblent surannées, ce que le monde,
avec un dédain académique, appelle des banalités
mystiques ; mais ces banalités ont une actualité toujours palpitante ; elles constituent pour nous une question de vie ou de mort.

Oui, abstentionniste, si vous vivez jusqu'à la fin dans

l'oubli de la pratique religieuse, si vous ne priez pas, si vous ne vous confessez pas, si vous ne communiez pas, après une vie sans bonheur, vous aurez une mort sans espérance. Vous aurez sauvé votre fortune, sauvé votre honneur, sauvé peut-être votre pays, mais vous aurez perdu votre âme.

Oui, si ayant vécu sans Dieu, sans culte, sans religion, vous mourez sans avoir eu la pensée, le désir du pardon, vous aurez perdu votre âme.

Si, ayant eu cette pensée, ce désir, vous ne les avez pas réalisés, si vous avez différé de demander les pardons nécessaires, si les surprises quelquefois si foudroyantes de la mort ne laissent pas au prêtre le temps d'accourir à votre agonie, vous aurez perdu votre âme.

Si le prêtre vient à l'heure suprême, mais que déjà la mort ait commencé à éteindre vos facultés et à engourdir vos sens, si vous ne pouvez plus, avec une âme qu'épouvanteront les souvenirs du passé, les souffrances du présent, les appréhensions de l'avenir, avec un corps déjà rigide et immobilisé, faire les actes nécessaires à la réconciliation avec Dieu, vous aurez perdu votre âme.

Si, parce que vous aurez méprisé jusqu'au bout la miséricorde de Dieu, elle s'évanouit à la fin pour faire place à sa justice, si Dieu ne voulant pas que sa bonté soit une bonté béate et insensée, se retire de vous, après que vous vous serez si longtemps retiré de lui, vous aurez perdu votre âme. L'abstentionnisme vous aura conduit à la ruine suprême et irréparable ; vous aurez abouti à la damnation.

Il est vrai, j'entends l'abstentionniste dire : après tout, je suis chrétien. Ma foi me sauvera. Cette profession de foi, contredite par l'apostasie de la vie, est une pro-

fanation ; elle ne le sauvera pas. Je suis chrétien :
c'est la formule qui nous vient du prétoire des pro-
consuls et des amphithéâtres sanglants. Avec cette
parole, nos pères provoquaient les bourreaux et donnaient leur vie en témoignage. Avec cette parole, l'abstentionniste excuse sa paresse et endort sa lâcheté.
Qu'ils paraissent, qu'ils paraissent, les héros de nos
lices antiques, hommes, faibles femmes, vierges, enfants, qu'ils paraissent avec leurs membres mutilés,
devant ces inertes descendants, pour les confondre !
Qu'ils leur apprennent qu'on certifie sa foi avec des
sacrifices, non avec des formules, par des actes, non
par des mots, que des années passées sans prière,
sans sacrifices, ne feront jamais des abstentionnistes
que des païens baptisés, qu'une vie qui s'écoule sans
pratique religieuse est une vie sans Dieu, sans lumière,
sans frein moral, et qui s'achève par une mort sans
espérance et sans consolation.

III

EFFETS DE L'ABSTENTION RELIGIEUSE POUR LA FAMILLE

Dieu est l'auteur de la famille. Il l'a établie, et il la maintient sur des bases sacrées. Il forme lui-même les liens qui unissent les époux entre eux, les enfants aux parents, les serviteurs aux maîtres. Dans cet édifice, tout porte sur lui.

Aussi, Dieu chassé, que reste-t-il ? Nous le voyons tous les jours dans notre société : la famille détruite, le sanctuaire conjugal violé, le lit nuptial déshonoré par les plus tristes mœurs, le cœur de la femme meurtri, les berceaux vides, les enfants révoltés. Depuis que l'oratoire domestique est désert, qu'on ne voit plus dans la maison le Christ héréditaire, le chapelet pieux, la prière et le culte en commun, depuis que l'abstentionnisme a remplacé l'esprit de foi, tout s'en va ; les familles n'ont plus de liens, plus de mœurs, le foyer chancelle, parce qu'il n'est pas appuyé à l'autel.

L'abstentionnisme est le fléau de la famille contemporaine ; il lui porte un coup fatal ; il la désagrège, en entraînant la violation permanente de tous les devoirs qui en constituent le fondement et le lien : devoirs du père, devoirs de l'époux, devoirs du fils.

Dieu est la source de toute paternité; il en est aussi le modèle; il nous a créés, et après ce premier bienfait, sa Providence nous a conservés, elle nous a emportés dans un repli de son sein, à travers toutes les vicissitudes du temps, comme ces mères d'Amérique, qui, pendant de longues migrations, tiennent leurs nourrissons suspendus sur leur poitrine. Après nous avoir ainsi enveloppés de son amour, il n'a pas voulu confier notre éducation à des mains étrangères; il s'est fait notre instituteur; il nous a ravis pendant trente ans par les charmes de son enseignement.

Créateur, conservateur, instituteur, ce sont les trois phases de la paternité, ses trois grands devoirs.

Comment voulez-vous que l'abstentionniste comprenne ces attributions glorieuses et presque divines de créateur? Il les redoutera, parce qu'elles entraînent des sacrifices. Or, le sacrifice exige de la force morale, et il n'y a point de vraie force morale sans pratique religieuse. Il éludera la paternité par un sophisme, il convertira en un calcul économique le glorieux privilège d'appeler des âmes du néant, il le fera servir de couvert à un libertinage stérile, qui est l'extermination de l'avenir, au profit d'un égoïste présent. Il n'aura pas d'enfants, ou il n'en aura qu'un pour lui transmettre son nom et sa fortune; enfant mal élevé, adulé, gâté, parce qu'il est seul, tyran de ses parents dans son bas âge, leur ami insolent dans sa jeunesse, leur douleur plus tard certainement, et un jour peut-être leur honte. L'abstentionniste expie ainsi le crime d'avoir voulu se passer de Dieu. Il ne fonde point de famille, ou, s'il en fonde une, c'est pour sa punition. Cette famille, signalée du doigt par le vieillard, apprendra aux générations futures ce qu'elles doivent éviter pour leur bonheur, comme ces tristes débris ramassés au milieu des écueils et qu'on place au bord des mers pour indiquer aux vaisseaux qui passent les lieux féconds en naufrages.

Cela est si vrai que, d'après les statistiques mêmes

de la libre-pensée, les départements qui donnent le
plus de soldats à la France, sont les plus pratiquants,
et que la population baisse dans la mesure où baisse
la pratique religieuse. Un mal inconnu à nos robustes
ancêtres ronge chez nous les sources de la vie, et il
semble que nous soyons revenus à ces jours de la décadence romaine, où le mariage disparaissait, où il
fallait des lois pour l'imposer à l'égoïsme, des faveurs
et des pensions pour obliger les familles à se perpé-
tuer. Pendant ce temps, les barbares veillaient aux
frontières, et attendaient le signe de Dieu pour se
jeter sur cette nation glorieuse, mais épuisée. Ne rien
dire des menaces qui pèsent sur notre pays, ce serait
un chauvinisme malfaisant, tout autant que ridicule.
Nous périssons, parce que la religion s'en va. Le
spectacle que nous offre le monde est propre à nous
épouvanter. La Russie est en voie de conquérir la
Haute Asie et de dominer l'Extrême Orient. L'Angle-
terre couvre l'Océanie, l'Australie, les Indes, de ses
opulentes colonies. L'Amérique, après avoir rempli
les profondeurs de son double continent, déborde sur
toutes les mers. Mais la France, si glorieuse autrefois,
si puissante, dont le prestige était incomparable,
vient la dernière au point de vue du développement
de la vie sur la surface du globe. Aujourd'hui, elle
manque de bras pour cultiver son sol ; demain,
elle manquera de soldats pour défendre ses frontières.

Créateur égoïste et sans vertu, l'abstentionniste
sera-t-il un meilleur conservateur ? Il sera le conservateur attentif du corps de son enfant, de ses intérêts
matériels. Il l'élèvera avec toute la mollesse possible,
dans la ouate et le duvet, et il l'entourera de soins
d'autant plus efféminés qu'il est lui-même moins viril,
et que d'ailleurs toutes ses espérances portent sur
cette unique tête. Il lui payera largement des nour-

rices, des professeurs, des voyages de plaisir, des sé-
jours aux villes d'eaux ou sur la plage, il s'appliquera
à lui faire des muscles solides et des bras vigoureux.
Il ne négligera rien, il travaillera beaucoup peut-être
pour lui préparer une fortune arrondie et une belle
dot. Mais il n'aura point de soins de l'âme de son enfant, elle n'obtiendra aucune attention, et elle sera
traitée au foyer de la famille comme une étrangère.
Dans le paganisme, quand un enfant venait de naître,
on le mettait sur les genoux de son père. Si celui-ci le
regardait, l'enfant était destiné à vivre ; sinon il était
condamné à la mort. L'âme de vos fils périt, parce
que vous ne l'avez pas regardée. Votre postérité dégé-
nère, parce que vous êtes des conservateurs qui con-
servent la fortune, non la vertu, les lingots, non les
principes. L'éloignement des pratiques chrétiennes a
tellement faussé sur ce point un grand nombre de
consciences, qu'elles trouveront ces lignes paradoxales,
et ne comprendront pas qu'on puisse léguer des
millions à ses enfants et être un très mauvais
père.

L'abstentionniste sera-t-il un instituteur plus fidèle
de ses fils ? C'est ici le côté le plus lamentable de son
sacerdoce.

Le premier devoir du père est d'aider ses enfants à
atteindre le but de la vie, à sauver leur âme. Or,
l'abstentionniste n'a pas autorité pour remplir cette
mission, puisqu'il est lui-même en voie de se perdre. Il
y a des conseils qui seraient déplacés sur ses lèvres,
parce que sa vie en est le démenti. Il y a des punitions
qu'il ne peut appliquer, parce qu'elles châtieraient ce
qu'il pratique.

Ce n'est pas assez qu'il n'apprenne point à ses fils à
se sauver : il leur apprend tous les jours l'art de se
perdre. Dans la jeunesse, quand les passions font en
eux leur entrée tumultueuse, ils auraient besoin, pour

tenir tête à l'orage, de grands exemples tombant de
la vie de leur père. Ils en sont privés, ils n'ont ni
l'appui des exemples vertueux, ni celui des conseils
autorisés, et ils succombent. Les parents gémissent
alors sur leur impuissance à sauver l'honneur de
leur sang ; mais, du fond de l'abîme où il a roulé,
leur fils ne pourrait-il pas élever contre leurs plaintes
une protestation, et leur dire : « Oui, c'est une catastrophe ; mais si vous en êtes malheureux, vous n'en
êtes pas innocents. Il y a des sacrements qui donnent
le courage de réprimer les passions, et vous m'avez
appris à les mépriser. Il y a des prêtres qui enseignent
au jeune homme l'art de gouverner son âme ; vous
m'avez appris à les fuir. Il y a un Dieu, dont la pensée
pouvait suppléer aux défauts de votre insouciante tu-
telle ; vous m'avez appris à ne pas le craindre. Vos
paroles étaient bonnes, mais vos exemples étaient
mauvais, et ils m'ont perdu. Vous me laisserez des
louis d'or peut-être ; mais ce ne sont point les louis qui
rendent une vie heureuse et honorée ; ce sont les principes, c'est la foi, et vous ne me léguez ni foi, ni
principes...

L'abstentionniste méconnaît ordinairement ses
devoirs d'époux tout autant que ses devoirs de
père.

Le mariage, dans la pensée de Dieu, comme dans le
rêve de l'homme, c'est l'union, non pas une union fu-
gitive, mais une union éternelle, non pas seulement
une union matérielle, mais l'union des âmes, une union
qui saisisse l'être humain jusqu'en ses dernières profondeurs.

L'indifférence religieuse brise cette unité. La famille,
le foyer, disait tristement un libre-penseur, c'est l'asile
où nous voudrions tous, après tant d'efforts inutiles et

d'illusions perdues, pouvoir reposer notre cœur. Nous revenons fatigués au foyer. Y trouvons-nous le repos ? Nullement : car de quoi allons-nous parler ? Des choses qui touchent le cœur, de la religion, de l'âme, de Dieu ? Non. Hasardez-vous à dire un mot de ces choses à table, à votre foyer, dans le repas du soir ; votre mère secoue la tête, votre femme contredit, votre fille, tout en se taisant, désapprouve. Elles sont d'un côté de la table, vous de l'autre.

L'harmonie est rompue, et cette rupture douloureuse se manifeste à tout moment. Plus de prières en commun : quand la mère et les enfants se mettent à genoux, il y a près d'eux un homme distrait, qui se tient à l'écart et semble ne pas comprendre. Plus de visite en commun dans la maison de Dieu ; l'épouse vient seule dans ce temple où, pourtant, ils avaient été bénis ensemble ; elle paraît seule à cette table sainte où furent formulés leurs serments. Le père, dont les anciens disaient qu'il devait être pontife et roi dans sa famille, roi, pour diriger tous les siens vers l'éternité, pontife, pour prendre dans ses mains et pour offrir à Dieu les prières et les vœux qui s'élèvent de son foyer, le père semble n'avoir pas de Dieu. Sa vie s'écoule comme un schisme vivant là où devaient régner les charmes inaltérables d'une union parfaite.

Le mariage, c'est le sacrifice. Croire qu'il est une idylle charmante toute faite de protestations de tendresse et de regards langoureux, c'est l'illusion des jeunes gens qui reviennent de leur messe nuptiale. La réalité des choses chasse bien vite ce rêve enchanteur. Des devoirs austères pèsent sur les époux. Des chaînes qui trop souvent s'alourdissent avec les années les meurtrissent. Et le mariage, qui avait commencé sous les ombrages embaumés de l'Eden, se poursuit et s'achève sur la croix.

C'est que, laissé à lui-même, le cœur humain est

court par beaucoup d'endroits. Il se lasse vite de
souffrir, et il est impuissant à s'immoler longtemps,
même pour ceux qu'il aime le plus. De là viennent, au
bout de peu d'années, ces aigreurs sourdes, ces dissen-
timents profonds, ce froid glacial, ce fardeau si lourd
enfin qu'on succombe sous le poids.

Cette histoire est l'histoire de tous les foyers dévastés
par l'abstentionnisme, à peu d'exceptions près. Je le
veux, quelques belles âmes, quelques cœurs plus
élevés demeurent unis l'un à l'autre, comme ces deux
colonnes de marbre blanc, qui sont demeurées debout
et unies au milieu des ruines du Forum ; mais ce ne
sont que des exceptions, et elles rendent plus amère
encore la désolation universelle.

Seule, la pratique religieuse est un remède efficace
à ces maux. La prière, les sacrements ouvrent dans
l'âme des époux une source intarissable de force
morale. Munis de ce secours, qu'ils aillent avec con-
fiance dans les âpres sentiers de la vie. Ils y trouveront
des douleurs, mais elles ne seront pas supérieures à leur
courage. Une force divine ne cessera de les soutenir à
la hauteur de leurs devoirs. L'ordre, la paix, l'accord,
régneront toujours sous leur toit, parce que si la
Croix s'y trouve, l'onction de Dieu y sera aussi.

Mais il faut plaindre ceux qui tarissent en eux la
vie de la grâce et qui chassent Dieu de leur âme et de
leur foyer. Ils n'échapperont pas au sacrifice, et ils
seront impuissants à le porter. On peut leur prédire
de tristes jours, des dissensions, des querelles, des tragédies ou des comédies sanglantes, comme celles
dont nous sommes chaque jour les témoins attristés.

Le mariage, c'est la fidélité. Les époux parlent
sans hyperbole quand ils disent en présence de Dieu :
« Je suis à vous pour toujours ».

Toujours ! Toujours ! Vaine parole, dit excellemment
un vieux poète. Il faut l'écrire sur les ondes mobiles

du vent et sur la surface changeante des eaux. *In vento et rapida scribere oportet aqua.*

C'est que l'inconstance est le fond même du cœur humain. Et cette inconstance native, tout dans notre société tend à l'aggraver, l'indulgence intéressée du monde qui ne veut voir que des faiblesses innocentes là où se commettent de honteuses lâchetés ; des coups de canif au contrat conjugal là où se font des blessures mortelles ; la littérature et le théâtre qui exaltent ouvertement l'adultère ou plaident en sa faveur les circonstances atténuantes ; les fêtes mondaines où l'effronterie de la mode, l'impudence des flatteries, la liberté des conversations, l'enivrement du plaisir ouvrent la porte aux aventures et aux intrigues.

Un autre péril, qui exista toujours, mais que la démoralisation contemporaine rend plus fréquent et plus redoutable que jamais, attend la fidélité conjugale. La vieille Bible donne son vrai nom à la courtisane embusquée partout, quelquefois jusqu'au sein même de la famille, pour surprendre l'honneur et la vertu. Elle l'appelle : « l'étrangère, *extranea* ». Saint Paul, dans sa franchise, la nomme plus court : « la chair ». Provoquante et fascinatrice, elle enlace sans peine par mille artifices celui qui n'a pas d'autre protection que sa fragile honnêteté ; elle l'entraîne, elle le tire comme le bœuf qu'on mène à la boucherie, *quasi bos ductus ad victimam ;* elle le domine, malgré les larmes d'une épouse vertueuse et jadis aimée, malgré les enfants qui pleurent sur les genoux de l'abandonnée, abandonnés comme elle.

La pratique religieuse rend impossibles ces infortunes. Elle se dresse comme une barrière devant les convoitises et les lâchetés du cœur humain. Elle ne le rend pas impeccable, assurément ; elle prépare en lui les repentirs salutaires, elle y accumule les saintes énergies, qui rendent plus prudent et plus courageux dans les luttes nécessaires et qui protègent contre les coupables capitulations.

Mais à celui qui a trahi son Dieu, quels serments pourront être sacrés ? A celui qui ne prie pas, qui n'adore point, qui vit sans culte, quelle vertu sera longtemps possible ? Il en viendra, le sens moral s'oblitérant peu à peu en lui, à commettre le mal sans en sentir les responsabilités et en se déclarant innocent. Tout en ne portant jamais aux siens que des baisers souillés par un partage honteux, tout en dissipant peut-être au profit de l'étrangère, l'héritage de ses enfants, tout en montant sa vie entière sur le faux, il se dira innocent. Non, l'abstentionniste n'est pas innocent, il n'est pas innocent d'avoir brisé un joug qu'il a librement accepté, en prenant Dieu à témoin de ses serments. Le sens moral casse les arrêts de sa justice intéressée. La faiblesse qu'il invoque comme justification, ne l'excuse pas, parce que cette faiblesse n'existerait pas, s'il avait demandé à la pratique religieuse des forces contre lui-même ; mais il trahit Dieu, comme il trahit son épouse et ses enfants.

Qu'il regarde ce qu'il a fait de son foyer, les ruines qu'il y a accumulées, le douloureux contraste qu'il y entretient : elle, si sincère ; lui, si trompeur ! Elle, si bonne ; et lui, si égoïste et si violent ! Elle, si pure : lui, si souillé ! Il sait bien à quelles conditions on peut se régénérer et recouvrer sur soi-même l'empire perdu. Qu'il mette fin à l'affligeante comédie d'une vie si dépourvue de sincérité. Qu'il demande à Dieu une protection contre sa misère et aux sacrements des grâces de force morale et de résurrection !

L'épouse, les enfants ne sont pas toute la famille. Les aïeux en font partie, bien que la mort les ait chassés du foyer. La pierre du tombeau est un voile douloureux qui nous les cache ; il ne faut pas qu'elle soit un mur de séparation.

Solon défendait de mal parler des morts. Ce n'est pas assez, et le cœur a d'autres ambitions : il aspire à leur faire du bien jusque par delà la tombe ; il désire les consoler et les réjouir, par le spectacle de ses œuvres. Il sait que ne pas les secourir, c'est un oubli sacrilège, et que rompre avec leurs traditions, ce n'est pas seulement dégénérer, mais encore être impie, parce que c'est forfaire à cette vénération pour la tombe, qui est la religion de l'univers entier.

L'abstentionniste a un médiocre souci de ces délicatesses et de ces devoirs. Je l'entends bien qui raconte la profondeur de son sentiment filial. Mais, quand des paroles on passe aux faits, on voit que depuis de nombreuses années, dans les souffrances où s'achèvent les purifications nécessaires, ses parents attendent des secours promis et toujours différés. Il proclame sacré son respect pour les intentions de ses aïeux. Et cependant, sa mère expirante, serrant sa main dans ses tremblantes mains, lui avait dit : « Vers le Dieu qui nous réunira » A cette parole il avait répondu par un engagement d'honneur contracté dans les adieux d'une tendresse ineffable. Tout est oublié. Il ne se souvient plus des vertus des ancêtres, il désavoue leur mémoire et leurs exemples, soit par la négligence officielle d'une vie sans religion, soit par l'organisation du vice au sein même de leur foyer chaste et pieux.

Ainsi pâlit, à la lumière de la vérité chrétienne, l'auréole d'honnêteté dont l'abstentionniste se décore. Le spectacle qu'il nous donne dans la famille est plus lamentable encore que celui de son âme sans Dieu : le foyer désuni, les serments les plus augustes trahis, la couche nuptiale souillée, les enfants élevés sans religion, et vivant plus tard sans respect et sans moralité, le désordre, la haine, l'impiété prenant possession du sanctuaire domestique, plus d'espérances ni de prières sur les tombes, spectacle amer et fécond en toutes sortes de malheurs. L'abstentionniste interroge ses enfants, ils rendent témoignage contre ses négligences coupables et les sacrilèges influences de sa vie sans Dieu. Il interroge son épouse, et elle affirme, tout au moins par ses larmes, les tristesses, les désenchantements, les vices peut-être que l'absence de la pratique religieuse a introduits dans le sanctuaire domestique. Il fait appel à ses ancêtres, et de leurs tombes désolées, s'élèvent des gémissements et des protestations. Qu'il interroge sa conscience, et cette voix sacrée s'unira à tant d'autres voix chères et puissantes pour le réveiller de son sommeil et pour le rappeler à Dieu.

IV

LES EFFETS SOCIAUX DE L'ABSTENTION RELIGIEUSE

Tous les penseurs, depuis les sages de l'antiquité jusqu'aux moralistes des derniers temps, se sont arrêtés, frappés d'admiration et comme de stupeur, devant ce miracle vivant : un peuple !

Un peuple, ce sont des millions de volontés différentes, opposées, hostiles, se fondant dans l'unité, les riches vivant en harmonie avec le pauvres, les sujets obéissant au pouvoir. Comment cela s'accomplit-il ? Qui peut faire qu'un peuple subsiste ainsi, et se tienne debout pendant des siècles au milieu de tant de causes de destruction ? Comment les mille rouages de ce mécanisme immense ne finissent-ils pas par s'user et s'enflammer ? Comment ceux qui n'ont rien, mille fois plus nombreux que ceux qui possèdent, ne les dépouillent-ils pas ? Et comment ceux-ci, par peur ou par orgueil, ne les foulent-ils pas aux pieds, ne les enchaînent-ils point, comme on fait d'un animal féroce, de peur d'en être dévoré ? Comment la multitude ne succombe-t-elle pas à l'effroyable tentation de jeter à terre le pouvoir et se résigne-t-elle à l'obéissance et au respect ?

Il n'y a qu'une réponse à cette question : elle résume la conviction de tous les siècles, dans le paganisme comme dans le monde moderne : la société repose sur Dieu. Il en est le lien et la base. Plus il la pénètre, plus elle est forte. Mais ôtez Dieu, et ce peuple sans autel et sans culte n'est plus un peuple ; c'est un amas de pierres désagrégées, non pas un édifice ; c'est une folle statue qui rejette d'elle-même son piédestal.

C'est pourquoi l'abstentionnisme est un fléau social redoutable à l'égal de l'athéisme même. Comme l'athéisme, et plus efficacement, il tend à faire une société sans religion, et par là même il travaille à ronger tous les ciments sociaux : le respect, la charité, l'esprit de sacrifice, la moralité.

Ce mal a cours dans notre pays ; il s'y développe comme une épidémie funeste ; mais nous laissons faire ; nous ne regardons pas aux conséquences. Nous disons comme autrefois les habitants de Pompeï et d'Herculanum. « La terre est solide ; la maison est de granit, laissons le Vésuve rugir là-haut et s'enflammer. » Où allons-nous ? L'erreur, quand elle n'est pas comprimée, finit toujours par éclater en conséquences tragiques et foudroyantes. La dernière conséquence de l'abstentionnisme, c'est la ruine sociale ; par lui, malgré notre sécurité inconsciente, la mort nous talonne, la dissolution se prépare ; s'il ne se lève pas des hommes dévoués pour contenir ses ravages, nous pouvons nous voiler le front en prévision des pires catastrophes.

Un peuple vit d'abord de respect. La soumission au pouvoir dans les choses justes, que le pouvoir s'appelle république, empire ou monarchie, c'est le premier lien social. Ce lien rompu, vous n'avez plus de nation, mais une multitude incohérente, indisciplinée, tombée en anarchie.

Or, c'est la religion qui établit et qui ancre dans l'âme des peuples le respect de l'autorité. L'homme est trop misérable pour être obéi à cause seulement de sa dignité ; s'il commande simplement en son nom,

son prestige ne saurait être de longue durée. La flat-
terie des courtisans pourra bien exalter l'orgueil de
celui qui possède le pouvoir jusqu'à lui rendre les
honneurs de la Divinité, mais c'est à la condition ex-
presse que le lendemain, dans une émeute, le peuple
égorgera son idole d'un jour. Le passé nous montre la
vérité de ce fait, et notre temps a donné trop souvent
au passé sur ce point de sanglantes confirmations.
Mais la religion apprend aux peuples que le pouvoir,
serait-il mauvais, porte le glaive au nom de Dieu. Elle
le couvre de la majesté même du Tout-Puissant. Elle
en fait son représentant officiel, son délégué, son lieu-
tenant. Voilà la doctrine que nous prêchons aux nations depuis deux mille ans, sous tous les régimes,
sous Néron comme sous Constantin, sous Tibère
comme sous Louis XIV. Quand les trônes ont croulé,
quand la tête des souverains a roulé sous le couteau,
quand les gouvernements se sont effondrés dans le
sang, les catholiques n'y étaient pas. Ceux qui soulèvent les colères des foules, ceux qui ébranlent les
fondements des sociétés ne les ont pas coudoyés dans
les chemins où se porte leur ambition. Qu'on leur en
ait tenu compte, qu'on ait été plus bienveillant à l'égard
de ces catholiques soumis, même quand ils sont per-
sécutés, qu'à l'égard de l'émeute turbulente, je ne
l'examine pas ; mais ce que personne ne peut contes-
ter, c'est que la religion impose le respect aux pouvoirs établis et qu'elle est leur protection contre les
entreprises de l'anarchie.

En ruinant la religion dans les âmes, l'abstentionniste y détruit du même coup la base de toute autorité.
Il forme une civilisation où les autels sont désertés ;
avec des individus qui ont la prétention de croire, il
constitue une nation qui pratiquement ne croit plus.
Or, c'est un axiome, qu'un peuple athée serait un
peuple ingouvernable. Un homme qui s'y entendait
bien, Napoléon disait : « On ne le gouverne pas, on le
mitraille. » Non, on ne le mitraille pas, parce qu'il

est le nombre et qu'il possède la force. Un jour vient bientôt où, conscient de sa puissance, résolu à n'avoir ni Dieu, ni maître, il monte à l'assaut du pouvoir et l'anéantit dans le sang.

Si vous en doutez, voyez ce qui se passe depuis que l'athéisme pratique envahit les multitudes. On fait les gouvernements et on les défait. On révise les constitutions. Voilà vingt fois et plus qu'on s'est mis à l'œuvre pour reconstruire l'édifice où doit s'abriter la société, et on le voit toujours mal assis et chancelant. C'est qu'il n'a plus de base. La base du respect de l'autorité humaine, c'est le respect de l'autorité divine. Cette base, l'abstentionnisme l'a ruinée par la prédication anarchique de ses exemples et par le spectacle d'une révolte permanente contre Dieu. Etonnez-vous que le respect des pouvoirs humains fléchisse et qu'il menace de s'effondrer, comme un édifice dont on aurait miné les fondements. Etonnez-vous de voir surgir, s'étendre, monter ce qu'on est convenu d'appeler « le flot populaire ». Il monte comme une marée solennelle. Il ne va pas vite peut-être, et on peut le prendre pour une marée bien apprise. Pas d'illusions ! Il monte, tout puissant, sous la pensée d'une force invincible. L'Océan est contenu par ses digues et obligé de respecter ses rivages ; mais le torrent ne respecte rien. Le flot populaire, c'est un torrent. La digue, c'était Dieu. Dieu expulsé, il n'y a plus rien qui puisse en dominer les tempêtes et en contenir les fureurs. Toutes les barrières sont emportées comme une paille légère.

Un peuple vit de charité.

Après la révolte, le plus grand danger des sociétés contemporaines, ce sont leurs divisions : divisions de doctrines, qui, détruisant toute harmonie entre les

esprits, les livrent à la plus affreuse corruption intel-
lectuelle dont parle l'histoire ; divisions de partis,
qui fractionnent les citoyens d'un même pays en
armées séparées et hostiles ; divisions d'intérêts et
d'ambitions, qui font de la France une mer en furie,
battant houleusement ses rivages ; surtout divisions de
classes, qui établissent entre patrons et ouvriers,
riches et pauvres, des antagonismes profonds et créent
la plus effroyable guerre sociale qu'une nation ait
jamais portée dans son sein.

En face de ces périls, comme ils sont coupables et
peu éclairés, les catholiques qui, par leur abstention
des pratiques chrétiennes, refusent le seul rendez-
vous dans lequel la rencontre des extrêmes sociaux
soit possible, où se forment les réconciliations et où
s'apaisent les haines. Si nous ne pouvons pas tous
professer les mêmes doctrines sociales, si vous ne
voulez pas tous appartenir au même parti, tous nous
pouvons nous embrasser dans un même Evangile. Et
nul doute que si tous les Français étaient unis dans la
pratique de la religion, ils seraient moins divisés sur
les questions secondaires par la politique ou par l'ambition. La France retrouverait toute sa grandeur, en
retrouvant toute son unité, et en s'émancipant des
sophismes et des byzantinismes de parti qui la tyran-
nisent.

Mais le problème le plus grave, à l'heure présente,
c'est le problème social ; la division la plus fatale,
c'est la division des classes. Rien, après l'athéisme,
ne la favorise autant que l'abstention religieuse.

Ce qu'il faut, en effet, au riche pour qu'il se rap-
proche du pauvre, c'est qu'il sache comprendre la
grandeur éminente de ceux qui souffrent, des humbles
et des petits, qu'il s'incline vers eux, qu'il prenne sur
son superflu et même sur le nécessaire pour adoucir
la misère d'autrui, qu'il se résigne à une assiette au

beurre plus petite et moins bien servie, à un luxe
plus modéré, à des plaisirs moins dispendieux. Mais
l'abstention religieuse refroidit dans l'âme tous les dé-
vouements ; elle y exalte tous les égoïsmes. Vous
n'adorez pas Dieu. Alors même que, selon les enseignements de votre foi, vous reconnaîtriez son image
dans le pauvre, comment honoreriez-vous l'image,
puisque vous dédaignez la réalité ? Vous serez de ces
riches au cœur dur, à l'intelligence étroite, qui ne vont
pas au pauvre, qui ne le visitent pas dans l'atelier où il
peine, dans la mansarde où il souffre, qui ne le voient
jamais que dans la rue, à travers les rideaux brodés de
leurs fenêtres, ou sur le seuil de leur porte, quand il
vient, chapeau bas, demander l'aumône, et qui croient
être quittes avec la charité et avoir résolu la question
sociale, dès qu'ils ont jeté aux malheureux, d'une
main gantée et dédaigneuse, un peu de pain ou un
peu d'argent.

Dieu chassé, comme il vous faut pourtant un autel,
l'idole que vous y mettez, c'est vous-même, et vous
trouvez que, pour la divinité nouvelle, il n'y a jamais
assez d'honneurs, ni de richesses, ni de plaisirs. Le
peuple voit alors apparaître ce luxe inouï, qui sacrifie
à des caprices et à des fantaisies des sommes ca-
pables de nourrir des familles, cet amour désordonné
de la jouissance, ces mœurs aviliés, qui semblent plutôt inspirées par le Coran que par l'Evangile et qui
rendent le riche méprisable aux yeux de la multitude.
Jadis, au moyen âge, il aimait ses seigneurs parce que
ceux-ci l'aimaient tout d'abord, qu'ils traitaient le
pauvre comme un fils de la famille, qu'ils lui donnaient
des exemples de religion ; aussi, au premier signe, les
manants allaient-ils se faire tuer pour leur châtelain
sur tous les champs de bataille. L'influence de l'abstention religieuse crée dans l'âme populaire des effets
contraires ; elle lui persuade que ce Dieu, que le riche
n'adore pas, qu'il traite comme une quantité négligeable, n'est pas Dieu, qu'il a été seulement créé et

mis au monde par un homme opulent pour garder
son coffre-fort, effrayer les émeutiers et bercer l'oisi-
veté des monopoleurs. Le spectacle des égoïsmes et
des défaillances que l'abstentionnisme produit excite
ses jalousies, exaspère ses colères. Et c'est alors que
la foule des prolétaires se lève, et qu'elle s'avance, le
blasphème sur les lèvres, le mépris et la haine dans le
cœur, comme une immense armée que rien ne peut
arrêter, et qui répand l'épouvante.

Ce qu'il faut au pauvre, pour qu'il ne se révolte pas
contre sa misère et contre la société, c'est l'intelligence de son sort. Pourquoi est-il pauvre, tandis que
vous êtes riche ? Pourquoi lui, plutôt qu'un autre ?
Pourquoi, en travaillant le jour et une partie de la
nuit, a-t-il seulement un peu de pain noir, tandis que
vous avez une demeure où le luxe ruisselle, des mets
exquis, des chevaux de prix, des domestiques, le jeu,
la chasse, le théâtre ?

La religion le lui disait. Tout en commandant aux
riches de faire cesser la misère, elle expliquait aux
petits pourquoi il y a des petits, et aux pauvres
pourquoi il y a des pauvres. Elle faisait mieux :
elle faisait croire cette doctrine et elle donnait
au peuple, par la prière et les sacrements, le courage de la pratiquer. Assis sur son fumier, comme
le Job antique, le peuple levait les yeux au ciel et il
disait : « *Scio quia redemptor meus vivit.* Je sais que
mon Rédempteur est vivant. » Et mettant sa main cal-
leuse sur sa poitrine desséchée, sur sa chair meurtrie,
il ajoutait : « *Et in carne mea videbo Dominum.* Je verrai
mon Dieu dans ma chair transfigurée. » Il regardait
aux murs de sa cabane le grand crucifix aux longs
bras amaigris, au front ceint d'épines, au corps couvert d'un haillon, au cœur blessé; et, comprenant sa
place dans la hiérarchie sociale, soutenu par un espoir
qui lui faisait attendre avec patience une revanche immortelle, il était soumis et résigné.

Mais d'autres docteurs sont venus, les docteurs de l'athéisme, et ils ont dit au peuple : « Tu attends le jour de la justice, il n'y a pas de justice ! Tu attends l'éternité, il n'y a pas d'éternité. Tu amasses tes larmes et celles de ta famille, les cris de tes enfants et les sanglots de ta femme pour les porter aux pieds de Dieu à l'heure de ta mort : il n'y a pas de Dieu. »

Il appartenait aux catholiques de protester par leurs paroles et par leurs actes contre ces doctrines malsaines, de faire apparaître la réalité de leur croyance en Dieu, en la justice, en l'éternité, de porter haut entre deux mondes, les riches et les pauvres, pour les tenir unis et réconciliés, la croix de J.-C. Mais l'abstentionniste a confirmé au contraire par la seule éloquence qui soit décisive pour le peuple, l'éloquence des actes, les enseignements de l'athéisme. Il a agi comme si Dieu n'était qu'une chimère ; l'éternité, un rêve ; le paradis, une duperie ; le bien et le mal, une invention. Il a appris au peuple à déserter le temple, à tenir pour insignifiant le vieux crucifix, dont les ancêtres avaient baisé en mourant les plaies divines ; il a arraché des mains de l'ouvrier le puissant levier avec lequel celui-ci soulevait le poids de sa misère : la prière et les sacrements.

Alors s'est produit ce que nous voyons : le pauvre a séché ses larmes ; il a dit à sa femme de se taire, à ses enfants de venir avec lui, et il s'est redressé sur la glèbe avec une force égale à sa colère. Il a dit au riche : « Toi qui m'opprimes, tu n'es qu'un homme. » Il a dit au prêtre. « Toi qui m'as consolé, tu as menti. » Désabusé de tout, ne croyant plus qu'à ses deux bras, il s'est écrié : « Il n'y aura pas de bonheur là-haut ; qu'on m'en donne donc ici-bas ! Le ciel est vide ; que je possède donc la terre ! O riche, viens, je suis fort, et tu es faible. J'ai des bras robustes et des muscles d'acier, qui soulèvent comme une paille le marteau des forges, tandis que le poids d'un fleuret fait fléchir les tiens. Viens donc et réglons à nous deux la question sociale. » Une plainte croissante et amère sort des lèvres meurtries du corvéable, du pauvre. Le bâillon casse entre les dents du genre humain. Le genre humain se soulève, comme se soulève la mer en courroux, quand elle prépare les grandes tempêtes.

Comment sortirez-vous de là ? Ou bien les abstentionnistes des classes élevées reviendront franchement, complètement, pratiquement à la religion, et ils rendront au peuple la foi qu'on lui a prise, ou bien ils passeront par le fer. Il n'y a que deux lois au monde : la loi de l'animalité, dans laquelle les espèces les plus puissantes mangent les espèces inférieures, et la loi de la Religion, dans laquelle les êtres supérieurs descendent, s'inclinent, et élèvent doucement jusqu'à eux les êtres les plus faibles. Vous reviendrez à celle-ci, qui est la loi chrétienne, ou bien la loi païenne de l'animalité vous saisira. Et comme vous n'avez plus l'organisation de l'esclavage pour vous protéger, et que les classes pauvres, émancipées, sont à la fois les plus fortes et les plus nombreuses, vous serez dévorés, et la société verra des catastrophes qu'elle n'a pas encore connues.

Une société vit par le sacrifice ; c'est sa base, c'est son sommet ; c'est son lien, son ciment nécessaire : sacrifice du laboureur qui, dès l'aurore, quitte sa chaumière, sa hotte sur le dos, et va engraisser la terre de ses sueurs ; sans cela, ni pain, ni vin, aucune vie physique. Sacrifice de l'ouvrier qui s'incline tout le long du jour, la fatigue au front, sur l'enclume ou sur l'établi. Sacrifice du mineur qui descend dans la terre sombre pour lui arracher ses trésors ; sans cela, ni houille, ni minerai, ni fer, ni or ; aucune vie industrielle. Sacrifice de l'employé des postes, des che-

mins de fer, qui veille, voyage, pendant que nous
dormons : sans cela, aucune vie de relations. Sacrifice
du magistrat, de l'avocat, de l'homme d'affaires, qui
étudient nos conflits, nos différents, les débrouillent et
les arrangent, nous donnent aide et protection. Sacrifice du soldat qui souffre et qui meurt pour nous. Sacrifice du prêtre qui renonce à la famille, à la fortune,
pour qu'au milieu de tant de fatigues, de traverses, de
mécomptes, de luttes acharnées, nous n'oubliions pas
la vraie patrie qui est le ciel. Voilà la société. Je la
contemple avec émotion dans sa beauté austère. La
sève qui circule à travers cet arbre immense, par
laquelle il se développe et il vit, c'est la sève du sacrifice.

Or, l'abstentionniste tend à diminuer cette sève en
lui-même et dans les autres ; il tend à la tarir, car il
diminue Dieu ; il détruit Dieu dans les âmes, et, seul,
Dieu peut être le principe du sacrifice, parce que seul
il peut en être le rénumérateur. L'indifférent organise
sa vie comme si Dieu n'était pas, comme si l'éternité
était une chimère. Mais s'il en est ainsi, si Dieu n'est
qu'un fantôme, si le temps est tout, la sagesse n'est
pas de dire. « Sacrifions-nous ; » mais bien : « Jouis-
sons. » « Le plaisir est tout, disait en souriant ce mauvais sujet de Voltaire, quiconque l'attrape a fait son
salut. »

Trouvez maintenant une raison pour que cet
homme qui travaille, qui souffre, qui cire vos souliers,
qui vous monte de l'eau, accepte son sacrifice de
toutes les minutes, qu'il s'y résigne, qu'il en porte
joyeusement le poids ; vous lui direz : « Mon ami, c'est
votre devoir. » Que valent ces devoirs, si ceux envers
Dieu ne signifient rien ? — « C'est votre honneur. » —
« Mon honneur ? L'honneur de vous monter de l'eau et
de cirer vos souliers ? On dira : Jacques cire exacte-
ment les souliers de Monsieur. Me voilà bien honoré. »
— « C'est votre intérêt. » — « Mon intérêt ? oui, parce
que vous m'écraseriez, si j'étais seul. Mais nous

sommes six millions d'ouvriers en France, quatre millions de domestiques. Unis, nous pouvons briser nos fers sur la tête de nos maîtres, et jouir à leur place, ou du moins jouir avec eux. »

Et alors on voit apparaître ces civilisations païennes et plus que païennes, où tout s'oriente vers le plaisir, où ceux qui sont en haut le savourent sous toutes les formes, où ils ne connaissent plus d'autre noblesse, d'autre honneur, d'autre considération que l'or, parce que l'or est le prix de la jouissance ; où ceux qui sont en bas se traînent à la suite des jouisseurs de profession, comme dans le désert, ces chacals, qui venant à la suite des lions, lèchent ce qui reste du sang répandu, où ceux qui n'arrivent pas à trouver place a ce banquet du plaisir, s'essayent à renverser les tables, aiguisant leurs dents et leurs ongles, prêts à déchirer les convives.

La pratique religieuse, dont la suppression a causé pour une large part ces malheurs, serait le meilleur moyen de les conjurer. Que les catholiques de ce temps soient des catholiques sincères, que leur vie ne soit pas un pastiche ou une comédie de la vie chrétienne. Que chacun d'eux place la barrière des sacrifices au devant de ce débordement de concupiscences ; qu'il élève bien haut sa croix, comme on fait du drapeau sur un champ de bataille ; qu'il inaugure des renoncements difficiles dans sa vie, qu'il se fasse martyr du devoir héroïque, sur un point ou sur l'autre, et les multitudes surprises se diront : « Donc on nous avait trompées; la fin de l'homme, ce n'est point la jouissance, c'est le sacrifice. » De tels catholiques mettant leur vie pratique d'accord avec leur foi, seront une fois de plus les sauveurs de la société et les rédempteurs de la patrie.

Un peuple vit de moralité. Si la conscience y est respectée, si la justice et la vertu y sont en honneur, la nation est prospère. Les mœurs élevées et pures font les peuples florissants. Mais l'abstentionnisme ruine la moralité, en affaiblissant la religion, en jetant à la passion la bride sur le cou, en laissant l'homme sans appui surnaturel et sans vigueur dans la lutte contre le mal.

Vous aviez une religion dont le premier symbole était une Vierge, une Vierge idéalement pure, dans le cœur de laquelle les jeunes filles venaient puiser une modestie, une grâce aimable, qui les embellissait, qui embellissait nos foyers et jusqu'à nos rues.

Une religion dont le second symbole était une croix, un gibet tout sanglant, où l'homme mûr venait poser ses fortes lèvres pour apprendre à se dévouer, à s'immoler, à se contenir.

Une religion qui offrait à la faiblesse humaine, dans les sacrements, des sources toujours ouvertes de force et de virilité.

Cette religion est devenue lettre morte, comme une chose démodée, une vieillerie qu'on met de côté et qu'on n'oserait pas produire en public. Et vous pensiez que vous pourriez néanmoins garder tous ces biens. Vous pensiez que vous garderiez la pudeur chrétienne, — le jeune homme chaste, — les mariages unis, féconds, sans tache, la virginité de la jeune fille, la dignité de la femme, la sainteté du lien conjugal, et que vous resteriez un grand peuple !

Eh bien, voyez ce que devient la moralité d'un peuple sans pratiques religieuses : votre littérature est comme un îlot boueux. Les étalages de vos libraires sont surchargés de livres immondes, pour lesquels il faudrait faire, si l'on voulait pratiquer les lois de l'honnêteté, ce qu'on fit à Naples, quand on déterra les bijoux impudiques des dames romaines : un musée secret. Il n'y a presque pas un roman en vogue qui n'ait l'adultère pour base et qui ne sue la corruption.

Cette lubricité se laisse mieux voir encore sur les théâtres que dans les livres. Ce qu'on y représente, ce qu'on y voit, ce ne sont plus comme au temps de Corneille, les grands drames de la vertu et de l'amour, le jeu sublime des plus hautes passions de l'âme. Les théâtres sont souvent comme des mauvais lieux où des gens affamés d'émotions sensuelles vont voir passer des bandes de filles déshabillées, et la grande vogue appartient à ceux où elles défilent, sous les yeux des spectateurs, plus nombreuses, plus nues, plus éhontées. Dans les familles, un luxe inouï, des modes extravagantes qui blessent le goût tout autant que la morale, des nudités honteuses qui déshonorent la poitrine des plus chastes jeunes filles, des danses qu'on aurait tenues pour un opprobre dans des temps de foi, tout se réunit pour souiller des foyers qui se croient chrétiens. Dans les relations sociales, la probité est tenue pour une naïveté, l'agiotage et la spéculation sont devenus des professions honorées; l'argent est une noblesse, le chèque, une institution. C'est au point qu'on s'épouvante de notre contact, que des nations encore saines voudraient former autour de nous un cordon sanitaire et nous traiter comme un lazaret.

Ce sont les grandes mœurs qui font les grands peuples, ce sont les foyers unis qui font les fortes races. Souvenez-vous du xviiie siècle. Comme on l'a dit : « dans la chambre où avait dormi saint Louis, Sardanapale était couché; Stamboul avait visité Versailles et s'y trouvait à l'aise. » Cela fut; mais quelques années plus tard, la France sombrait dans un abîme. Quand une nation est assez corrompue, la gangrène s'y met, et alors les barbares ne tardent pas à apparaître pour enlever ce cadavre de peuple.

Non, ce malheur, cette irréparable catastrophe n'arrivera pas. La France reviendra aux traditions qui ont fait sa grandeur, elle redescendra dans les eaux de son baptême. Elle y retrouvera ses convictions et sa foi, et avec sa foi, la bénédiction de Dieu.

Cela sera, catholiques, cela sera par vous. On vous parle souvent de relèvement national. Pour ce relèvement nécessaire, rien ne peut suppléer à la pratique religieuse et aux commandements de Dieu. La monarchie de Louis xiv elle-même, si vous la restauriez en la déchristianisant, ne serait qu'un césarisme caduc et sans profit.

C'est donc la Patrie, tout autant que la Religion qui vous adjure. Vous convient-il de lui opposer les difficultés du devoir chrétien ? Ces difficultés vous coûteront moins que les passions qui vous enchaînent dans la négligence et le péché. Vous avez peut-être sacrifié des jours et des nuits à gagner de l'or, compromis votre repos dans l'intérêt de vos rêves d'ambition ou de vos rêves de plaisir. Il est temps, il est grand temps, sur les ruines qui s'accumulent, de penser aux choses sérieuses. Tout s'en va, tout tombe, tout menace de s'effondrer. Sauvez vos âmes et sauvez votre pays en faisant rentrer dans la vie sociale la religion pratique, hors de laquelle nous ne pourrions être qu'un peuple sans respect, sans union, sans noblesse, sans moralité, par conséquent un peuple perdu et promis à la mort.

BIBLIOGRAPHIE

RAVIGNAN, conférences, tom. 2, *la foi pratique.*
LAMENNAIS, Essai sur l'indifférence, 3 vol.
Mgr PIE, *œuvres, passim.*
MAC-CARTTY, l'Indifférence.
GONDAL, Religion.
Mgr LAROCHE, œuvres oratoires.
Mgr FRANQUEVILLE, que faisons-nous de l'Evangile ?
Mgr DAVID, év. de S. Brieuc, — l'Indifférence.
MILLOT, revue du clergé français, n° du 1er août 1899.
F. VEUILLOT, Apostolat social.
BRUNETIÈRE, Les raisons actuelles de croire.
MANNING, Les raisons de ma croyance.
BAUNARD, La foi et ses victoires.
   Id. Le doute et ses victimes.
KLEIN, L'Eglise et le siècle.
   Id. Opportunité.
LÉON XIII, Encycliques, *passim.*
VINCENT DE PASCAL, conférences.

TABLE DES MATIÈRES

—

FIN DE LA TABLE

Saint-Amand (Cher). — Imprimerie BUSSIÈRE.

www.ingramcontent.com/pod-product-compliance
Lightning Source LLC
Chambersburg PA
CBHW051130050726

47594CB00003B/1035